落日悲歌

塵封沉墜——君士坦丁堡的

皇室陰影、軍閥亂政與教會對抗
見證拜占庭帝國的輝煌與殞落

謝奕軒 著

一座千年不倒的城牆，如何在信仰與背叛中裂出第一道縫？
每一位皇帝的加冕，都是帝國命運的賭注與倒數計時

目 錄

序言
千年帝國的餘光：
拜占庭的歷史厚度與當代意義　　　　　　　　005

第一章
帝國的承繼與重構：
希拉克略的改革與隱憂　　　　　　　　　　　007

第二章
王朝交替中的鬥爭與動盪：
從君士坦丁四世到利奧三世　　　　　　　　　037

第三章
皇室與信仰之爭：
從君士坦丁五世到伊琳娜女皇　　　　　　　　059

第四章
動盪中的秩序重建：
從米海爾三世到巴西爾一世　　　　　　　　　081

目錄

第五章
學問與權力的交錯：
馬其頓王朝的文化與政治遺產　　　　　　　105

第六章
帝國的盛極與潰敗：
巴西爾二世與軍事霸權的代價　　　　　　　125

第七章
衰敗的回音：
宮廷政變與軍閥政治的交織　　　　　　　　145

第八章
邊境烽火與十字軍干政：
東西世界的衝撞　　　　　　　　　　　　　165

第九章
君士坦丁堡的終章：
最後皇帝與最終戰役　　　　　　　　　　　197

第十章
文明的轉生：
拜占庭遺產與世界歷史　　　　　　　　　　223

序言
千年帝國的餘光：
拜占庭的歷史厚度與當代意義

　　在人類歷史，極少有一個政體能像拜占庭帝國一般，歷經興衰、風暴與裂解，仍屹立千年不倒，並在其消亡之後繼續在記憶與制度中存活。拜占庭不僅是東羅馬帝國的延續，它同時是一場跨越語言、信仰、族群與制度的歷史實驗場。在這場實驗中，古典與基督教、希臘與羅馬、亞洲與歐洲交織成一種特殊的政治與文化型態──既是帝國，也是信仰體制；既是權力中樞，也是文明邊陲。

　　本書並非僅是對拜占庭的年代敘述，它試圖回答一個更根本的問題：當我們說「文明」，究竟是在說什麼？是語言、制度、宗教，還是更深層的認同與記憶？拜占庭的存在挑戰現代讀者習以為常的歷史分類，它既非純粹的「古代」，亦難歸入「中世紀」，更非西歐史觀下所定義的現代性延伸。正因如此，拜占庭提供了一個無可取代的視角，使我們得以從非西歐中心、非民族國家主體的軸線上，重新審視歷史的多重可能。

　　本書共分十章，從帝國興起、疆域擴張、信仰衝突，到軍事壓力、十字軍干政，再至帝國衰亡與文明遺緒，嘗試以

序言　千年帝國的餘光：拜占庭的歷史厚度與當代意義

宏觀而精細的方式，描繪出拜占庭作為歷史行動者的多重角色。全書不僅關注君主與將軍，也關注修士與市民；不僅述及政變與戰爭，也重視圖像、法典、建築與知識的傳承機制。特別在後段篇章中，我們強調拜占庭文明如何在俄羅斯、巴爾幹與伊斯蘭世界中延續與轉化，進一步探討它對歐洲法治、教育、藝術與國族想像的深遠影響。

更重要的是，本書從拜占庭視角切入現代議題：政教分際如何界定？多元文化如何整合？歷史記憶如何構成集體認同？這些問題無一不是 21 世紀的全球社會正在面對的挑戰。而拜占庭的歷史提供了罕見的長時段視野，讓我們看見制度與象徵如何在政權更替之後，依然滲透在公共生活與精神空間之中。

本書亦是對當代「帝國」概念的反思。在現代國家系統崩解與重構的風口浪尖上，拜占庭提醒我們：帝國不是一個地理概念，而是一種治理結構與文化機制的複合體。它既有集權，也允許差異；它在擴張中延續，也在衰敗中重生。這種彈性與深度，使拜占庭成為人類文明中不可忽視的範本與資產。

我們誠摯邀請讀者，以開放與反思的眼光閱讀本書，進入這段既陌生又親切的歷史。在碎裂與重建之間，拜占庭留下的不是殘垣斷瓦，而是一套跨越時代的問題系統與文明結晶，等待我們在當代語境中重新發掘與理解。

第一章
帝國的承繼與重構：
希拉克略的改革與隱憂

第一章　帝國的承繼與重構：希拉克略的改革與隱憂

第一節　拜占庭版圖的再定義

當東羅馬帝國步入七世紀初期，其疆界與國勢皆處於劇烈變動的邊緣。查士丁尼的重建夢雖已成過往，帝國殘存的榮光卻深植於昔日羅馬的陰影之下。希拉克略的即位，象徵著一個新紀元的來臨。他非但未能將帝國拉回地中海霸權的位置，反而為拜占庭構築了一種新型國家形態，一個語言、宗教與軍政重新編碼的帝國。

希拉克略在西元 610 年自非洲行省起兵推翻暴君福卡斯，並於同年進入君士坦丁堡。他登基之初，面對的是一個幾乎無可挽回的國家體系：波斯人自幼發里斯出兵橫掃敘利亞與巴勒斯坦，攻陷安條克與耶路撒冷，甚至威脅至埃及邊境，帝國的經濟命脈與宗教中心岌岌可危。耶路撒冷陷落與真十字架的失落，對信仰深厚的帝國而言，是精神與象徵層面上的雙重打擊。

為挽回頹勢，希拉克略推動軍政大改革。他的首要之舉是放棄先前偏重海軍的羅馬式防禦體系，轉而建立分區軍政合一的軍區制度（themata）。這套制度以戰略性防衛為核心，允許各地將領擁有一定程度的自治權，並結合軍事與土地管理，使邊疆具備更強的即應能力。這種制度後來成為拜占庭長期生存的基石，也造就軍人貴族階層的興起。

第一節　拜占庭版圖的再定義

希拉克略並未止步於防禦。在戰略與神學的雙重壓力下，他策劃了一場被認為幾近絕望的反攻行動。他於西元 622～628 年間數次遠征波斯，行軍深入美索不達米亞與札格羅斯山區，最終與盟友可薩人聯手擊敗波斯軍隊，並逼使薩珊王朝簽訂和約，交還聖物與被占行省。這場勝利，不僅恢復了帝國疆域，也一度重燃羅馬正統的信心與象徵意義。

但這場勝利的代價極其高昂。長年徵兵與軍費壓力使帝國財政幾近枯竭，農村人口被迫棄耕而參軍，導致地方經濟失衡，稅賦系統崩解。更嚴重者，帝國從此未能迅速恢復至戰前的活力。勝利僅是短暫喘息，真正的風暴才正逐步成形。

就在希拉克略迎來凱旋之際，阿拉伯半島的穆罕默德正於麥地那建立一個新型宗教國體。伊斯蘭的迅速擴張讓拜占庭幾乎毫無準備。在西元 636 年的雅穆克之戰中，帝國大軍慘敗，敘利亞全面淪陷；隨後埃及與北非也陸續失守。這些失土不僅是地理概念的消失，更是貿易命脈、糧食供應與文化重心的徹底崩潰。希拉克略晚年目睹帝國如江水潰堤，無力挽回。

在政治與宗教壓力交織下，希拉克略推行基督一志論（Monothelitism）作為妥協性信仰政策，試圖調和希臘與敘利亞、亞美尼亞等多元教會之間的基督論分歧。基督一志論主張基督具有雙性但單一意志，期望為教義糾紛劃下休止符。

第一章　帝國的承繼與重構：希拉克略的改革與隱憂

然而，東正教與東方教會對此皆持疑慮，該政策不僅未能實現團結，反激起更多神學抗爭，導致教會裂痕加劇，國內信仰認同更加破碎。

更嚴重的問題則出現在繼承與皇室安排上。希拉克略在第二任皇后瑪蒂娜的影響下，安排其子希拉克略二世與前妻之子君士坦丁三世共治，製造一場宮廷內部的權力對決。這項安排引發元老院與軍隊的強烈反彈，為日後宮廷政變埋下伏筆，也象徵皇權威信的明顯退化。

希拉克略在位三十年，從軍事勝利者轉變為帝國困境的象徵。他的功績不容忽視——軍區體系奠定後世五百年防線基礎，波斯戰爭的勝利確實為帝國延壽。然而，他的晚年政策與宗教干預卻使帝國陷入更深的分裂。他既是重建者，也是分裂的起點。他奠定了拜占庭的制度與文化格局，但同時，也見證帝國不再是萬國之上的羅馬，而是一個受限於地緣、宗教與資源的區域強權。

拜占庭的版圖，在希拉克略手中被重新定義。他收復失地，卻無力守住信仰的統一與皇室的穩固。他建立新的體制，卻無法挽回失控的軍閥與宗教分歧。他是承繼者，同時亦是危機的前奏者。

第二節　征服波斯與東方戰線的勝利

希拉克略一生中最為人稱道的功績，無疑是他對薩珊波斯帝國所發動的反擊戰爭。在面對國土喪失與信仰危機的雙重壓力下，這場戰役不僅改變了戰局，也決定了拜占庭帝國是否能保住其文明中樞的命運。從 622 年起，這位皇帝便開始策劃一場可能改變帝國命運的長征，面對波斯軍事與文化雙重壓迫，他選擇以戰爭為語言重申帝國主權。

此役不同於過往的邊境戰爭，它不只是為了領土，更是一場為信仰與帝國存續而戰的神聖戰爭。耶路撒冷的陷落與真十字架的喪失，於基督徒而言是一種對天命的質疑，因此希拉克略的出征，也是一場帶有宗教色彩的「神聖遠征」。他將自己塑造成上帝的武器，並在整場戰役中以虔誠與紀律作為號召軍隊的根基。

他的第一波軍事行動自小亞細亞發起，迂迴穿越亞美尼亞高地，以避開波斯主力防線，並於戰略節點發動突襲。希拉克略善用地形與時機，接連在尼科波利斯（Nicopolis）、卡利尼庫姆（Callinicum）與托魯斯山脈等地擊潰波斯部隊，並成功切斷其後勤補給線。這種靈活作戰風格與以往防禦性質濃厚的拜占庭軍事傳統大異其趣。

在 624～626 年間，他更一舉深入波斯本土，洗劫多座城市，迫使薩珊朝廷內部震盪。雖然波斯方面也企圖反擊，

第一章　帝國的承繼與重構：希拉克略的改革與隱憂

並勾結阿瓦爾人與斯拉夫族進攻君士坦丁堡，但在拜占庭艦隊與城防力量的堅守下，這場雙線戰事反而突顯帝國在內外夾擊中所展現出的抵抗力。

最終的轉捩點發生在 628 年，希拉克略聯合突厥勢力，在九月的尼尼微之戰中擊潰主力波斯大軍，將波斯推至崩潰邊緣。此戰之後，薩珊王朝的皇帝霍斯勞二世被內部政變推翻，新上位的繼承人迫於形勢與拜占庭講和，歸還耶路撒冷與失土，並遣返真十字架。

這場勝利被視為拜占庭歷史上的高光時刻之一，也被史家與神職人員視作上帝恩典的展現。希拉克略在返回君士坦丁堡時，親自肩扛真十字架，步行進入聖墓教堂，象徵宗教與皇權的再統一，民眾為此舉動歡呼不已。然而，這場榮耀背後卻潛藏著更大的風暴前兆。

首先，戰爭所付出的代價已讓帝國的軍隊筋疲力竭。數年遠征雖帶來勝利，卻也意味著人口損耗與農地荒廢。大量士兵戰死或長年離鄉，使農村經濟難以維繫，稅收銳減，地方行政難以運轉。軍隊中出現的傭兵化與異族化傾向，也為日後軍政失衡埋下隱憂。

其次，帝國的敵人並未因這場勝利而減少。就在東方戰線稍歇之時，阿拉伯世界迅速興起。這股新興宗教力量不再是以王國為中心的傳統敵人，而是以信仰為基礎、以迅速猛

第二節　征服波斯與東方戰線的勝利

烈為手段的全面挑戰。希拉克略的軍隊尚未整頓完畢，便迎來雅穆克戰役的潰敗，從而徹底失去敘利亞行省。

再者，希拉克略的宗教政策也因戰後信心大增而更趨極端。他試圖以基督一志論作為全帝國的統一教義，不惜打壓反對者，以圖再次透過信仰團結國內，然而宗教分裂與民族隔閡卻使政策反受其害。亞美尼亞與敘利亞等地區教會未受感召，反而與帝國中央漸行漸遠。

政治上的矛盾也同步擴大。希拉克略為鞏固皇室血統，強行使其姪女瑪蒂娜為皇后，並扶持其所生之子共治，造成宮廷內部權力結構的動搖。君士坦丁三世與希拉克略二世的爭位風波，使軍方與元老院進一步質疑皇室的合法性，導致政變頻仍，國政紊亂。

儘管如此，征服波斯的戰役仍為拜占庭帝國爭取了短暫的喘息時間，使得帝國在面對伊斯蘭風暴之前至少重建了部分防禦能力。這場戰役也為拜占庭在文化與宗教上的主體性提供了象徵資源，成為日後皇權與神權對話的核心論述基礎。

總體而言，希拉克略的東征是一場典型的古典式「勝利陷阱」。表面上的軍事成功掩蓋了結構性的內耗與外部局勢的劇變。他擊敗了過去的敵人，卻無力應對未來的挑戰。他重奪了聖地，卻失去了未來的邊疆。這場征戰不僅是一次偉大的反擊，更是一場華麗的告別——對於古典羅馬式帝國夢想的最後一次燃燒。

第一章　帝國的承繼與重構：希拉克略的改革與隱憂

拜占庭帝國從此不再是主動擴張的羅馬後裔，而是進入長期守勢、內憂外患交錯的艱困時代。希拉克略則成為這場轉變的歷史座標，他既是征服者，也是衰敗的導火線。他的東征成就了帝國的最後榮光，也引來了帝國的宿命性挑戰。

第三節　皇后瑪蒂娜與宮廷婚姻的爭議

在希拉克略的帝國事業中，軍事與行政的改革常為後人稱道，但在皇室婚姻的安排與權力繼承方面，他卻陷入一場難以為帝國所接受的政治與倫理危機。這場危機圍繞在一位女人──瑪蒂娜（Martina）身上，她不只是希拉克略的第二任皇后，更是他的姪女，兩人關係的親密程度與血緣關係，在當時社會與教會眼中皆屬違背常倫。

希拉克略於其首任皇后歐多西婭（Eudokia）病逝後不久，便迎娶瑪蒂娜為後。這椿婚事一開始便引起強烈非議，教會曾公開反對，認為叔姪婚屬於亂倫，應予譴責。但希拉克略一意孤行，並在後續將她納入政治核心圈，使她逐漸獲得宮廷內的影響力。這不僅破壞皇室在民眾心中的道德象徵，也使元老院與神職人員對皇權的合法性感到不安。

瑪蒂娜在宮廷內外逐步累積影響力，並將焦點放在讓自己的兒子希拉克略二世（Heraklonas）繼承皇位之路鋪平。希

第三節　皇后瑪蒂娜與宮廷婚姻的爭議

拉克略因感念其扶助與情感連結，於晚年確立由君士坦丁三世（希拉克略與歐多西婭所生）與希拉克略二世共同繼位的安排。表面上，這是一種皇位共治的制度創新；實際上卻導致權力的撕裂與宮廷內部的公開衝突。

民眾與元老院普遍支持君士坦丁三世，視其為合法皇子與傳統秩序的延續。而瑪蒂娜則試圖透過對宮廷官員的拉攏與威壓，使希拉克略二世掌握實權。君士坦丁三世病體纏身，短短數月後即病逝，但當時便盛傳其死因非自然，而是遭瑪蒂娜設局毒殺。雖無明文證據，民間憤怒卻已無法遏制。

事件爆發後，民眾在教士與軍方的帶領下，湧入元老院與皇宮，要求徹查並處置瑪蒂娜與希拉克略二世。面對失控局勢，元老院決議廢黜二人皇權，並對兩人施以極刑。瑪蒂娜被割舌，希拉克略二世被劓鼻──此類刑罰在拜占庭象徵著永不得任職與見人之恥辱。兩人並被放逐至小亞細亞某地，一生不再現於政治舞臺。

這場宮廷內鬥並不只是家族私事，而是突顯皇權繼承機制的脆弱。希拉克略原意以宗親與情感維繫政權穩定，卻未考慮皇位合法性與民意認同之間的矛盾。拜占庭的皇帝不僅要掌控軍政，更需獲得教會祝福與群眾的信服，而皇后瑪蒂娜的介入與倫理爭議使整個制度的合法性遭到質疑。

更進一步而言，這場爭議亦導致軍隊對皇權的不信任。當瑪蒂娜與希拉克略二世掌權後，數名將領因不服命令而發

第一章　帝國的承繼與重構：希拉克略的改革與隱憂

起兵變，軍政秩序一度陷入混亂。即使政變後迅速平定，新任皇帝君士坦斯二世在登基之初便須處理軍方的不信任與元老院的不合作，導致帝國進入一段政治懸浮期。

值得注意的是，這起事件也展現出拜占庭政治文化中一項核心特質──儀式性羞辱與象徵處刑。對皇族成員施以割舌、劓鼻的行為，不僅是懲罰，更是透過身體的改變來消除其政治象徵性。這類刑罰固然殘酷，卻具備高張力的政治訊號功能：一旦實施，意即此人不再可能回歸權力舞臺。

教會在此事件中態度曖昧。雖曾反對叔姪通婚，卻在皇權掌控下保持沉默。直到事件發酵至無法挽回的階段，部分主教才加入民意壓力行列，協助正統皇位繼承者穩固位置。這也反映出拜占庭政教關係的微妙互動──教會既依附皇權，又需保持道德與信仰的象徵地位，兩者間始終處於拉鋸。

瑪蒂娜事件的餘波並未隨放逐結束。她所造成的政治裂痕與皇位合法性爭論，在其後近半世紀中持續困擾帝國。每當政權更替之際，宮廷內外皆無法遺忘這場教訓──皇帝與皇后不只是權力的施行者，更是帝國秩序的象徵。若象徵破裂，再強大的軍隊與制度也難以挽救政權的信任危機。

希拉克略作為一位在軍事與體制改革上極有建樹的君主，卻在私人決策上犯下致命錯誤。他的婚姻安排，使後世看見拜占庭皇室在情感、宗族與權力之間的危險交界。而瑪蒂娜，也成為歷史中最具爭議的皇后之一，其身影不僅活在

八世紀史家筆下，也成為拜占庭內部倫理與合法性討論的永恆象徵。

從這段歷史中我們可見，制度之穩不在於軍隊之強，而在於皇室能否成為人民與信仰的共同象徵。一位皇后的名分，若建築於宗教與倫理的禁區之上，其後果不僅是個人毀滅，更是帝國穩定性的崩解預兆。

第四節　君士坦丁三世與希拉克略二世之爭

希拉克略逝世之後，帝國進入一段短暫卻極度動盪的雙皇共治時期。依據其遺詔，君士坦丁三世與異母弟希拉克略二世共同繼位，象徵皇室兩支血脈的聯合。然而，這種制度安排並非出於制度設計的成熟，而是政治妥協與皇后瑪蒂娜個人權力意圖的結果。其後果迅速顯現，兩位皇帝之間的矛盾在短短數月內激化為帝國政治的全面裂痕。

君士坦丁三世為希拉克略與第一任皇后歐多西婭所生，自幼被視為正統繼承人。他年輕、健康狀況堪憂，卻獲得軍方與元老院的廣泛支持。而希拉克略二世則是瑪蒂娜所生，雖有皇族血統，卻被視為奪權工具與合法性薄弱的繼位者。兩人共治期間表面維持禮儀性的互動，但實際權力運作上，君士坦丁三世逐步遭到架空，尤其在瑪蒂娜日益擴大的干政

第一章　帝國的承繼與重構：希拉克略的改革與隱憂

下，宮廷局勢迅速偏向希拉克略二世一方。

此時的帝國形勢已因長年戰爭而極為脆弱，民間貧困、軍隊疲敝，行政體系亟需穩定。然而，在雙皇對峙的政治架構下，文武百官多陷入選邊站的兩難處境。尤其軍方高層多數仍效忠君士坦丁三世，對瑪蒂娜與其子掌權心存疑慮，這種對立情勢猶如埋伏在帝國肌理中的深層裂縫。

君士坦丁三世自即位起便體弱多病，他雖試圖穩固自身地位，但身體狀況未能支持長期政務奔走。史書記載其在位僅僅三個月即告病逝，死因疑雲重重。民間普遍相信，他是被瑪蒂娜以毒酒暗害，以為希拉克略二世掃除繼承障礙。儘管官方無明確證據，但君士坦丁三世死後的迅速改朝換代，加深了這一懷疑。

希拉克略二世遂即被推上唯一皇位，瑪蒂娜名義上則為輔政者。這場極短暫的攝政體制並未獲得帝國上下認可，君士坦丁三世之死在君士坦丁堡引發巨大社會反彈。軍方率先反應，幾位將軍與禁衛軍公開宣稱不接受新政權，並要求恢復「正統血脈」的統治。首都內爆發大規模示威與宮廷請願，要求瑪蒂娜交出政權並公開說明君士坦丁三世之死的來龍去脈。

元老院在此風潮下不得不出面調停，並與軍方達成協議，決定廢黜瑪蒂娜與希拉克略二世。這場政治清算迅速而果決，元老院不僅剝奪其皇位，還決議施以拜占庭特有的儀

第四節　君士坦丁三世與希拉克略二世之爭

式羞辱刑罰。瑪蒂娜遭割舌，希拉克略二世遭劓鼻，象徵其永不得再問政事，兩人旋即被流放至羅得島，自此淪為帝國歷史的棄子。

君士坦丁三世雖英年早逝，卻在死後被塑造成「殉國的皇子」，他的形象被朝臣與教會用來鞏固正統性敘事。他與父王希拉克略的血脈關係與其母親的聖潔背景，被視為正義與秩序的象徵。他的短暫統治因此成為軍方與文官反制瑪蒂娜的政治正當性依據。

這場爭權風波也突顯出拜占庭政治文化中一項矛盾現象：皇位繼承雖然依血脈傳承，但仍需軍方、元老院與教會三方共識方能長久。在皇帝體制表面強勢的背後，實際上是高度協商的權力共構體系。瑪蒂娜未能理解這層微妙制衡關係，妄圖以血緣與情感操控政局，最終導致自取滅亡。

此外，此次政爭亦揭示一個結構性的政治危機——拜占庭帝國在沒有成熟的法定繼承機制下，經常陷入「即位合法性」與「掌權能力」之間的張力困境。希拉克略二世儘管為皇帝之子，但其在軍中毫無聲望，無統治實績，也未經歷軍政歷練，這使其無法獲得軍方支持，也使帝國失去可持續穩定的治理核心。

在政爭落幕後，帝國迅速立君士坦丁三世之子君士坦斯二世為新皇。他年僅十一歲即位，由親信輔政，但此舉獲得

第一章　帝國的承繼與重構：希拉克略的改革與隱憂

各方接受，因其被視為希拉克略正統後裔，且未捲入前期政爭。這場皇位爭奪戰雖以短暫流血結束，卻為拜占庭未來半世紀的繼承問題立下警示：若繼承無秩序，權力即無穩定，帝國必陷反覆動盪之中。

從歷史角度來看，君士坦丁三世與希拉克略二世之爭既是宮廷鬥爭的縮影，也映射拜占庭政體的雙重特質——儀式性繼承與現實性權力之間永恆的角力。帝國的制度，既需要形式的莊嚴，也需要軍事與政治實力的支撐。兩者若無法協調，便會成為內耗與政變的導火線。

第五節　君士坦斯二世的殘酷政權

在希拉克略家族內鬥告一段落之後，君士坦丁三世的幼子君士坦斯二世（Constans II）於西元641年登上帝位，年僅十一歲。這位年幼皇帝的即位，表面上為政局帶來短暫穩定，實則揭開了拜占庭帝國另一波長期專制與社會高壓統治的序幕。君士坦斯二世在位期間，逐步展現出殘酷與猜忌的統治風格，其決策既帶有防衛性，也流露出深層的不安全感，導致政局混亂與民間不滿頻仍，帝國從此步入權力與恐懼共存的時代。

第五節　君士坦斯二世的殘酷政權

　　即位初期，君士坦斯二世名義上由多位重臣與教會人士輔政，其中最具實權的是元老院與東方總督。這段過渡期內，帝國試圖挽救在東線戰場上的頹勢，對抗阿拉伯哈里發勢力的侵略。但正是在這段時期，帝國持續喪失東部疆域，敘利亞、巴勒斯坦與埃及全面落入敵手，使得君士坦丁堡的戰略地位空前孤立。年輕皇帝在危機中成長，其性格與政見也在此背景下日益偏向高壓與不信任。

　　當君士坦斯二世掌握實權後，首先著手清除與其父或異見派系有聯繫的文武官員。他透過密探網絡追查內部潛在叛黨，並大肆使用監禁、流放與暗殺等手段。多位有軍功或宗教影響力的人物被削權甚至處死，其中包括其弟與叔父等親屬，此舉震撼朝野，也使得君士坦斯的形象迅速由「合法皇孫」轉為「猜忌獨裁者」。

　　君士坦斯二世並未停留於宮廷內鬥，他的改革推及軍政與宗教領域。在軍事上，他試圖強化軍區制度（themata），透過重新劃分軍區與中央調度制衡將領勢力。然而這些措施效果有限，反使地方將領勢力坐大。許多邊防區長官趁中央削權之機培植私人軍隊，造成帝國軍政分裂，為日後軍閥割據之勢奠基。

　　在宗教方面，君士坦斯二世繼承祖父希拉克略的基督一志論政策，頒布所謂「絕口詔」，命令所有神職人員與信徒停

第一章　帝國的承繼與重構：希拉克略的改革與隱憂

止關於基督是否有兩個意志的爭論。此舉不僅未能平息教義分歧，反引來更劇烈的反彈。教宗瑪爾定一世（Martin I）與神學家馬克西姆（Maximus the Confessor）堅決反對，最終雙雙被君士坦斯二世下令逮捕並處刑。

教宗遭捕的消息震驚西方世界，東西教會裂痕因此進一步擴大。馬克西姆則因反對基督一志論而被判割舌斷手，此等酷刑震懾教界。宗教自由與神學討論在君士坦斯的政權下遭到壓制，拜占庭由此進入一個政教極度緊張、思想被控的時代。

除了政治與宗教的高壓統治，君士坦斯二世還做出一項極具爭議的決策——遷都至義大利南部城市敘拉古（Syracuse）。此舉旨在強化西線戰略、抵禦倫巴底人與進一步介入地中海局勢，但卻造成君士坦丁堡宮廷的極大不安。許多貴族與官員視此為皇帝對傳統政治中心的背叛，也導致中央政權與皇帝間的距離拉大，埋下未來政變與割據的火種。

在敘拉古期間，君士坦斯二世持續進行財政與軍事整頓，但也愈發孤立。他在當地建立新的行政機構，意圖仿效古羅馬皇帝控制全地中海的雄圖，但未獲臣民與軍方理解與支持。民間對其長年施政的不滿逐漸累積，終於在西元668年，他於敘拉古遭到刺殺，結束其長達27年的統治。

君士坦斯二世的死亡，並未使帝國重拾秩序。相反地，

他的猜忌與高壓治理模式已深植帝國機制，使後繼者在繼位之初即背負沉重包袱。其子君士坦丁四世將繼承這種統治邏輯，並將其極端化，引發後續更多的流亡、復辟與血腥鬥爭。

歷史學界對君士坦斯二世評價兩極。一方面，他確實於危機時期維繫了帝國疆界，改革軍政制度，建立一定防禦基礎。另一方面，他對宗教迫害、對政治對手的殘忍與對民眾訴求的漠視，使其政權成為拜占庭專制統治的重要轉捩點。

若說希拉克略是東羅馬體制改革的創建者，那麼君士坦斯二世則是拜占庭高壓政權的首位實踐者。他的統治讓帝國學會以恐懼維繫權威，以肅清維持統一。然而，這種統治模式的代價，是帝國公信力的流失與社會信任的解體。

君士坦斯二世在位期間雖無外敵攻陷君士坦丁堡，但內部的裂解與不信任卻已動搖帝國根基。他留給後代的，不是安全的帝國，而是一個彼此猜疑、制度扭曲、神權與皇權交錯博弈的難解局面。

第六節　元老院與民意的干政

在希拉克略家族面臨繼承危機與政權動盪之際，元老院與民意罕見地重新進入帝國政治的核心舞臺。自君士坦丁大

第一章　帝國的承繼與重構：希拉克略的改革與隱憂

帝以來，元老院雖然名義上保留象徵性地位，但實權逐步遭皇帝架空。然而，每當皇室失去穩定統治力、或繼承順序陷入爭議時，元老院便再次成為仲裁與合法性的關鍵載體。

希拉克略晚年強行促成雙皇共治，加上皇后瑪蒂娜對皇位安排的干涉，引發民眾與貴族的強烈反彈。君士坦丁三世短暫在位即猝逝，希拉克略二世迅速掌權。此舉在社會各界引起廣泛譴責，流言四起，認為瑪蒂娜毒殺正統皇子、擅權亂政。儘管掌握兵權與宮廷資源，瑪蒂娜與其子仍無法平息不滿。

元老院在此關鍵時刻發揮了重大作用。在民間壓力與教會支持下，元老議員聯合宮廷護衛軍將兩人逮捕，並以違反宗教倫理與篡奪皇權罪名進行審議。審議結果不僅是罷黜其皇位，更施以割舌與劓鼻的羞辱刑罰，象徵此等人物自此不得再參與公共事務。

這一干預動作不僅改變了皇權繼承方向，更象徵著元老院在皇室爭位中可扮演具體制衡角色。更重要的是，此次行動獲得民意高度支持，使得元老院並非單純的貴族協議機構，而成為帝國法理秩序的實踐者。這樣的情勢，也鼓舞地方勢力與教會更大膽介入國政，形成暫時的多方權力共治局面。

然而，這種干政行為雖出於維穩與正統性維護，亦暴露拜占庭政治制度內部的脆弱與不確定性。皇位無固定繼承制

第六節　元老院與民意的干政

度，合法性需倚靠軍方、元老院與教會三方共識。在君士坦丁三世死後，正是這三方壓力共同促成希拉克略二世與瑪蒂娜的倒臺，卻也顯示皇位變動可被多元勢力操控，導致政局難以穩定。

民眾在這一過程中的角色尤為關鍵。拜占庭民意雖未具備現代選舉制度的形式，但透過牧首講道、集會遊行與宗教節日場合，仍可施加輿論壓力。皇后瑪蒂娜與希拉克略二世遭罷黜時，即有大量信徒湧上街頭，高呼「還我正統！」迫使宮廷防衛軍倒戈，配合元老院行動。

宗教領袖如君士坦丁堡牧首與各地主教，也在這場政治風暴中扮演橋梁角色。他們一方面維持民心穩定，另一方面亦積極斡旋皇權爭端，使帝國不至陷入全面內戰。這種政教合作雖非長期制度，但在非常時期卻展現出驚人的凝聚力。

在君士坦斯二世即位之初，由於年幼無力親政，元老院再度出面組織輔政團隊，選派文臣與軍頭協助管理朝政。雖後來遭君士坦斯清洗，但早期政局能維持運作，實多仰賴此套過渡機制。這些實踐表明，在皇室失能時，元老院可暫代皇權職能，成為政體運作的中繼裝置。

然而，干政過深也使元老院自陷風險。在君士坦斯二世正式掌權後，將多名早期輔政元老流放、下獄或剃髮為僧，顯示皇帝對民意與議會的恐懼與報復心理。自此以後，元老

■第一章　帝國的承繼與重構：希拉克略的改革與隱憂

院雖仍存在，但政治影響力急遽下降，多轉為皇帝立法的橡皮圖章。民意的角色也漸由宗教與軍方取代，成為政治動員的工具而非主體。

此後的歷史也證明：除非皇帝主動賦予制度權力，元老院與民意難以長期主導政局。而拜占庭政體終究回歸於皇帝個人集權與軍事合法性的軸線，留下這段短暫的干政時期，作為制度變遷可能性的歷史注腳。

第七節　雙重繼承與皇位裂解危機

拜占庭帝國在希拉克略晚年所設置的「雙皇共治」制度，原意是為了強化繼承穩定性，避免單一繼承人因年幼、病弱或政變而導致皇位真空。然而，這項制度設計在實施過程中不僅未能帶來穩定，反而加劇了皇權內部分裂，形成長期而深層的皇位裂解危機。其負面影響，在希拉克略家族內部鬥爭以及君士坦斯二世之後的政局中，展現得尤為明顯。

希拉克略原本意圖由其子君士坦丁三世與繼后瑪蒂娜之子希拉克略二世共同統治。這一安排，表面上參考羅馬晚期的「四帝共治」（Tetrarchy）制度，實則混雜了家族恩寵與政治妥協。問題在於，拜占庭並無相應的法律或制度來規範雙皇關係，也未明確界定兩人之間的權限與職責劃分，導致共

第七節　雙重繼承與皇位裂解危機

治機制從一開始便陷入競爭而非合作。

君士坦丁三世雖身為正統嫡子，但體弱多病，其政治權力在實際運作中逐漸被瑪蒂娜集團侵蝕。希拉克略二世雖非長子，但因其母之權勢與宮廷人脈支持，在政治資源上甚至更具優勢。當君士坦丁三世驟逝後，瑪蒂娜迅速扶持希拉克略二世單獨繼位，引爆民怨與政爭，使雙皇制度瞬間瓦解。

這一事件突顯一個嚴重的制度性缺陷：在缺乏明確立法與協商機制下，雙重繼承反而造成繼承順序模糊、權力分裂與政局混亂。尤其在皇室成員之間缺乏互信時，任何共治安排最終都將淪為權力鬥爭的起點。

君士坦斯二世即位後，表面恢復單一皇位體制，但其內心對雙重繼承帶來的威脅記憶深刻。在位期間，他刻意壓制所有潛在的共治者，包括同母異父兄弟與堂親，透過流放、監禁與羞辱刑罰予以清除。他的兒子君士坦丁四世亦因目睹皇室內鬥與父權壓制，自幼展現出極端的控制欲與對皇位的強烈執著。

更重要的是，雙重繼承不僅影響皇室，也擴大了元老院與軍方的介入空間。在皇位共治時期，各派系往往各自擁護不同皇帝，甚至導致軍區出現兩套命令系統，使地方軍事與行政效能大打折扣。君士坦丁堡與軍區之間的訊息傳遞與決策執行日益斷裂，進一步削弱中央統御力。

第一章　帝國的承繼與重構：希拉克略的改革與隱憂

　　宗教界對此亦無法置身事外。教會在面對雙皇爭執時，經常需選邊站隊，導致教士間出現教義與政治上的對立。特別是在基督一志論爭議期間，雙皇體制使得教會更難形成一致對外的立場，宗教成為政治分裂的附庸而非超越者。

　　在君士坦斯二世被刺殺後，繼位問題再度浮現。君士坦丁四世雖為正統繼承人，但其即位過程並未完全符合法理程序，而是依賴軍方支持與首都輿論壓力。這再次暴露出制度依憑之脆弱，以及皇位合法性所需仰賴的多重認可機制。正統血脈雖為一項基礎，卻不足以對抗軍方實力與民間情緒。

　　因此，從希拉克略以降的這段時期，不僅展現了拜占庭皇權試圖透過共享制度來穩定統治的理想，也揭示其在實際政治操作中所遭遇的種種困難。缺乏明文規範、行政與軍事重疊、宗教夾縫求存，三者交織下的雙重繼承制度，注定無法為帝國提供長期穩定。

　　此後數世紀間，拜占庭多次出現雙皇或共治模式，但再無一次能如初衷般和平運作。無論是父子共治、兄弟共治，還是名義上的副皇帝設置，最終幾乎都演變為奪權、政變與流血。這一制度性的脆弱性，使得皇位裂解危機成為拜占庭政治的常態。

第八節　宮廷猜忌與弒兄疑雲

君士坦斯二世的統治雖以殘酷著稱,但其政治文化最深遠的遺緒,是將「猜忌」正式制度化,嵌入帝國的決策機制與皇室倫理中。在其長達 27 年的統治末期,這種猜忌心態不但轉化為高壓治理手段,也深刻影響了皇室內部的情感關係與繼承秩序。其中最具爭議且引發歷史長期討論者,莫過於其對近親,尤其是同母異父兄弟的懷疑與打壓,是否構成弒親行為,至今仍是拜占庭史研究中的敏感議題。

根據宮廷記載與教會年鑑,君士坦斯二世在位初期雖由元老院輔政,但隨著年齡增長逐漸集權,他對任何可能挑戰其皇位正當性者皆視為威脅,特別是其叔父與堂兄弟等親屬。當中有一名年長堂兄於敘利亞軍區頗得軍心,曾獲推舉為戰時代理統帥,此舉引起君士坦斯極大不安。

君士坦斯二世以密奏方式將該堂兄召回宮廷,在無任何公開審訊下遭監禁,數月後死於獄中。官方宣稱其「病逝」,但教會與史家多有質疑,認為其死因應為皇帝下令毒殺。這起事件象徵著君士坦斯對血親的不信任已達極端,無論其是否擁兵自重,只要具備潛在威脅,即可能遭到清除。

同時期,君士坦斯亦懷疑其同母弟曾與反對派官員暗通消息,意圖恢復由元老院推選皇帝的傳統制度。雖無實質證

第一章　帝國的承繼與重構：希拉克略的改革與隱憂

據，但君士坦斯仍以「圖謀不軌」為由，將其弟逮捕，並下令施以「沉默之刑」，即割舌並幽禁終身。該弟最終在隱密修道院中孤老而終，並無留下任何政治行動紀錄。

對於外人來說，這些行動似屬宮廷政變的預防手段，然而對於內部成員，則象徵著一種無所不在的壓迫氛圍。君士坦斯的親信多透過密告與監視升遷，宮廷逐漸形成一個以互相猜疑、排擠與內鬥為主的行政文化。皇帝不再是宮廷的中心，而成為人人恐懼的審判者。

這種治理風格也反映在其處理地方將領的方式上。當敘利亞軍區某名將領在平定反叛後聲望高漲，君士坦斯先於敘拉古下令封賞，旋即又以「僭越職權」為由將其召回斬首。這類「先封後斬」的策略使所有將領人人自危，不敢主動出兵亦不敢建立民望，帝國邊防形同虛設。

此外，君士坦斯與其子君士坦丁四世之間的關係亦受其猜忌性格所影響。他雖名義上將皇位傳予君士坦丁，但從未真正培養其政治能力，甚至屢次限制其與軍方將領與教會高層互動。坊間流傳一段軼事，稱君士坦丁四世曾欲參與一次軍事巡視，遭其父嚴詞拒絕：「國家未亡，你無權發令。」此語流露出深層的不信任，也為日後查士丁尼的獨裁統治埋下伏筆。

更引人注意的是，君士坦斯在敘拉古遭刺殺的當下，其親信未即刻傳召太子繼位，而是進行長達數日的宮廷密議。

部分史家認為，這段延遲可能為宮中派系試圖扶植另一位宗室繼承者的證據，只是最終未能成功。此舉顯示，即便皇位已定，帝國高層仍潛藏無數角力與反覆無常的忠誠關係。

從整體而言，君士坦斯二世之「弒兄疑雲」與宮廷猜忌並非單一事件，而是一種制度性現象。他在位期間建立了一套由恐懼驅動的皇權機制，以排除所有非己派系，無論對象是否有實質能力或野心。這種高壓統治雖暫時維持中央集權，卻也逐步腐蝕皇室內部的親情與忠誠。

歷史的弔詭在於，君士坦斯的這種統治方式，不僅未能保障皇位傳承的穩定，反而使其子君士坦丁四世在登基後更傾向極端專制與報復主義，成為帝國後期獨裁化的典型案例之一。

第九節　西西里的刺殺與皇命斷絕

西元 663 年，君士坦斯二世將帝國行政重心由君士坦丁堡遷至西西里的敘拉古，這一舉措不僅震動帝國核心，更引起首都貴族、教會與軍方的極度不安。君士坦斯聲稱此舉是為了更有效地統籌對抗倫巴底人與重建西方戰略，但觀察者普遍認為這是其對君士坦丁堡宮廷猜忌的延伸，以及試圖逃離對他日益不滿的政治壓力。

第一章　帝國的承繼與重構：希拉克略的改革與隱憂

敘拉古原為羅馬與東羅馬時期的軍事重鎮，但至七世紀中葉早已非帝國運作核心。君士坦斯卻堅持以此為新宮廷基地，積極建造宮殿、設立新政務體系，並嘗試仿效古羅馬的地中海治理構想。這些動作不僅未能贏得支持，反而使其與君士坦丁堡更加疏離，甚至被視為放棄東方邊防與信仰中心的象徵行為。

遷都之後，君士坦斯延續其殘酷統治手段，對地方貴族與主教進行大規模清洗。凡有不從者即以「通敵」、「怠惰」等罪名處決，政敵屍橫遍野。其任命的敘拉古行政官多為舊臣與密探系統出身，造成地方官員普遍恐慌。敘拉古逐漸變成一個權謀核心與監控機器交織的政治孤島。

在這樣高度壓抑的氛圍下，刺殺行動終於在西元668年爆發。據拜占庭史學家狄奧菲拉克特記載，當君士坦斯二世在浴場中進行日常洗浴時，一名僕從以盛皂盒的黃銅器具猛擊其後腦，使皇帝當場重傷昏厥，數刻後斃命。該僕從隨即遭就地處決，但背後主謀始終未明。

刺殺事件發生後，敘拉古政局陷入數日混亂。部分史料暗示，敘拉古的地方將領與部分宮廷官員可能早已串通策劃此次政變，目的在於終結高壓政策，甚至另擁新主。另有觀點指出，此行動或由首都派系策動，以剷除流亡中的獨裁者、恢復正統首都治理權。真相未明，但君士坦斯的死亡無疑象徵其專制統治的崩潰。

第九節　西西里的刺殺與皇命斷絕

　　此一死訊傳回君士坦丁堡後，宮廷高層先是陷入權位空窗，旋即進入迅速協商程序，推舉君士坦斯二世即位。這位年輕皇子雖有合法繼承權，但其統治尚未開始便已籠罩在父親的陰影與復仇政治的氣氛中。首都教會為君士坦斯舉行國喪，表面莊嚴，但私下多認為其死有應得，甚至有人將之視為神意懲罰。

　　皇命的斷絕不只代表一位皇帝的終結，更揭示整個帝國統治邏輯的破產。君士坦斯二世依賴猜忌與高壓建立的體系，在他一死之後迅速瓦解，政敵重新活躍，貴族重拾勢力，軍方各自為政。整個拜占庭，進入一個看似恢復秩序、實則暗流洶湧的過渡時期。

　　這一事件不僅改變政權，更對後世的皇帝心態造成深遠影響。君士坦丁四世即位後即展開一連串清算，極力控制宮廷與軍隊，彷彿重演其父之統治，只是更加偏執與無情。西西里的刺殺成為拜占庭政治史中極具象徵性的斷點，代表著一種帝王治理邏輯的死亡：在缺乏制度信任與共享治理機制下，皇帝終將難逃孤立與暴力結局。

　　君士坦斯二世的皇命，並未因其殘酷統治而延續後世榮光，而是以孤身血泊收場。他死於遠離首都的外島，死於最親近的僕從之手，死於自我孤立與制度崩潰的最後懲罰，正如拜占庭皇位在接下來的數十年中，將反覆面臨背叛、刺殺與名實分裂的政權裂谷。

第一章　帝國的承繼與重構：希拉克略的改革與隱憂

第十節　從改革夢想走入衰敗開端

希拉克略的登基原本帶著強烈的羅馬復興夢想。他推動軍區制度改革、重整帝國財政與軍備，對外擊敗波斯、收復耶路撒冷，對內試圖透過宗教政策化解基督論之爭，所有作為皆指向帝國再生的藍圖。然而，隨著繼承體制的失序與皇權逐漸淪為血緣與恐懼的產物，改革的初衷逐步被行政僵化、內部猜忌與集權獨裁所吞噬，拜占庭自此走入一條不可逆的衰敗之路。

軍區制度初設本為應對波斯與阿拉伯人入侵而生，透過將軍事與行政權結合於地方將領，使邊防迅速應變並減輕中央負擔。起初運作良好，但隨著中央監督力下降，軍區司令逐漸坐大，甚至在皇權鬆動時公開干政甚至自立。此現象最終催生出日後軍人皇帝時代的萌芽，使得皇帝與軍隊之間的關係愈加複雜與依賴。

宗教政策亦從整合帝國信仰與穩定社會的工具，演變為思想箝制與政治鬥爭的戰場。希拉克略推動基督一志論為求東部省份統一，卻反遭西方教會與羅馬教宗強烈反彈。君士坦斯二世更進一步以絕口詔壓制神學討論，逮捕與拷打反對的主教與修士，使宗教從信仰追求淪為政權合法性的附庸。

皇位制度的崩壞，為拜占庭歷史上的致命傷。希拉克略

第十節　從改革夢想走入衰敗開端

創設的雙重共治制在實務上難以調和,導致君士坦丁三世與希拉克略二世的衝突,掀起一連串宮廷政變與流血鬥爭。此後,皇室對皇位的控制不再憑藉法律與制度,而是倚賴軍方支持、元老院態度與教會認可的三重博弈。君士坦斯二世的殘酷統治進一步將繼承權政治化,清除潛在對手,以懲罰與流放維繫皇位,卻也播下政權不穩與報復政治的種子。

財政與土地制度的惡化亦未能止住。隨著東方領地被阿拉伯帝國奪取,稅源大幅減少,政府只能依靠日益繁重的田賦與徵糧強行籌資,激化地方不滿。帝國不得不將更多土地授予軍人與貴族換取忠誠,使土地集中與平民破產現象加劇,形成經濟與社會的雙重失衡。

最終,這些原本用於帝國重建的制度創新,在權力腐蝕與制度失衡下成為自身瓦解的推手。希拉克略的改革,雖開啟新型國家運作模式,但後繼者無力維繫其精神,只複製形式。改革從此變成政治口號,而非治理核心。君士坦斯二世的死亡,不僅是個人的終點,更象徵一段改革夢想的徹底崩解。

帝國並未立即崩潰,但也無法回到過去的榮光。皇帝雖仍坐於君士坦丁堡的寶座,卻已無力控制日益分化的邊疆、無法整合信仰紛爭、無法讓人民重拾對國家的信任。拜占庭不再是羅馬的延續,而是進入一個充滿危機與掙扎的新階段,朝向「軍人皇帝時代」緩步前行。

第一章　帝國的承繼與重構：希拉克略的改革與隱憂

　　回顧這段歷史，從希拉克略的理想出發，到君士坦斯二世的孤獨終局，我們見證一個文明由盛轉衰的過程 —— 不是因為一次災難性的失敗，而是因為制度的逐步扭曲與精神的持續流失。皇位成為猜忌的祭壇，改革成為暴政的遮羞布，治理成為控制的技術。拜占庭從此不再是希望的象徵，而是歷史上一個深刻提醒：再宏偉的夢想，若無制度與人心的支撐，終將化為空殼。

第二章
王朝交替中的鬥爭與動盪：
從君士坦丁四世到利奧三世

第二章　王朝交替中的鬥爭與動盪：從君士坦丁四世到利奧三世

第一節　君士坦丁四世的削權與政敵清除

君士坦丁四世（Constantine IV）登基時年僅十六歲，是君士坦斯二世在西西里遇刺後由元老院與軍方共議立為皇帝的候選人。年輕的皇帝從一開始便承襲了父親政權末期所留下的政治困局：地方軍事將領勢力坐大、中央官僚制度脆弱、宗教對立加劇、民眾對皇權失去信任。這些挑戰，使得君士坦丁四世在即位初期就必須迅速建立權威，否則政變與權位更迭可能再次發生。

初登大位的君士坦丁四世，名義上與其兩位弟弟希拉克略與提比略共同執政，形成一種三元共治的模式。這一制度看似延續過往的「多皇共治」傳統，實則是元老院與軍方在無法明確擁立單一繼承者時所作的妥協。然而，這種制度性模糊很快就導致了權力混亂與決策矛盾，使君士坦丁四世意識到必須集中皇權。

在位初期，他先以懷柔與恩賜安撫軍方與弟弟，隨即逐步削減其兩位兄弟的實際職權。至西元 681 年，他公開廢除三皇共治體制，將希拉克略與提比略貶為庶人，並剷除其在宮廷與軍中的支持者。這一行動有效集中皇權，但也使君士坦丁四世的統治染上「弒親奪權」的陰影，為其後代埋下不信任種子。

第一節　君士坦丁四世的削權與政敵清除

　　為了穩固政權,他展開針對過往君士坦斯二世時代遺留貴族與官僚的全面清洗。凡是曾表態支持過舊王朝、在敘拉古政變中失勢者皆遭懲處或流放,尤其針對那些與軍區長官關係密切者,君士坦丁四世毫不手軟。這種高壓清洗使中央朝廷權力重新回到皇帝手中,但也讓地方軍事與貴族間的裂痕加深。

　　在制度建設上,君士坦丁四世進一步重整官僚系統,建立專屬於皇帝的御前理事團,排除傳統元老院與教會干涉。他任命大批出身平民與軍功將領的新興貴族,使帝國行政體系逐步擺脫舊有世家門閥壟斷。這一政策雖然有利於鞏固皇權,卻也激起舊貴族的不滿與抗拒,成為後來多起政爭的根源之一。

　　在宗教政策方面,君士坦丁四世採取折衷態度。他召開第六次大公會議(西元 680 ～ 681 年),表面上為了調和基督一志論與雙意論之爭,實則透過會議形式打壓反對皇權的教會聲音。儘管最終會議裁定雙意論為正統,但教會日後對皇室干預神學爭議的行為始終抱持疑慮,削弱了宗教權威對政權的背書力量。

　　對外方面,君士坦丁四世面對阿拉伯勢力的持續壓迫,特別是穆阿維亞一世與奧瑪亞王朝的海上擴張威脅。他成功率領拜占庭艦隊在君士坦丁堡外圍擊退奧瑪亞艦隊,維持首都安全,此戰役為皇帝贏得短暫的民心與軍中威望,卻未能根本扭轉邊防失控的局勢。

第二章　王朝交替中的鬥爭與動盪：從君士坦丁四世到利奧三世

在削權與清洗中，君士坦丁四世建立起一套屬於自己世代的皇權統治架構。但這種集權體制過度依賴個人意志與強制力，一旦繼承人能力不足，便可能導致皇位再次動盪。他的兒子查士丁尼二世即位後即顯示出政治力不足，為下一波王朝更迭埋下伏筆。

第二節　查士丁尼二世的暴政與流放

查士丁尼二世（Justinian II）是君士坦丁四世之子，於西元685年登基。他的統治可謂拜占庭皇權個人化的極致展現，也是皇室復仇與恐懼政治的縮影。雖然他初登基時年僅十六歲，但其政治手腕與性格鋒芒畢露，很快便展現出一種極端堅決、難以妥協的治理風格，甚至被當時史家稱為「少年暴君」。

查士丁尼二世上臺初期，延續父親遺志推行一系列政策，意圖鞏固皇權與扭轉國家衰敗局勢。他整頓軍隊、重新劃分軍區，並強化財政徵稅體系。然而，他對地方貴族與教會施加極大壓力，要求教士全面宣傳皇權神授，並將異議分子視為叛徒。凡是曾質疑其合法性者，不論是軍事領袖、地方主教或前朝官僚，皆被監禁、拷問、處死或流放。

其中最具代表性的案件，是他對元老院多位議員的打壓。這些人曾在君士坦丁四世時期與皇帝形成合作平衡，但

第二節　查士丁尼二世的暴政與流放

在查士丁尼即位後被視為潛在政敵。他以莫須有罪名進行「名單式整肅」，並設立祕密警察系統對宮廷與教會進行全面監控。整個君士坦丁堡沉浸在政治恐懼之中，人人自危。

他的經濟政策亦激進改革。為補充因戰爭而衰竭的國庫，查士丁尼二世大幅提高鹽稅、田賦與城市徵稅，並強制徵收農地的軍役補貼。雖然財政短期內得以緩解，但民間負擔沉重，特別是小農與工匠階層苦不堪言，社會動盪日益加劇。許多農民逃往軍區，或投靠地方貴族，變相促使中央對地方控制力進一步衰退。

查士丁尼二世也在文化與宗教上展現專橫。他強化對修道院的監管，並下令關閉多所不服從皇令的教士學校。他聲稱「皇帝代表真理」，此言論立即引發教會與學界震動。他甚至罷黜多位主教，自行任命政治上忠誠者取代之。這些舉動讓宗教界對皇室產生高度不信任，也使教會與皇權之間的合作關係出現裂痕。

對外方面，查士丁尼二世在位初期與阿拉伯奧瑪亞王朝短暫締結和平條約，並重建部分邊防設施。然而，他對斯拉夫人與保加利亞人採取進攻策略，導致北方邊疆軍事壓力倍增，消耗大量兵力與財政資源。其治下的軍隊紀律鬆弛、士氣低落，最終使得軍心倒戈，為他日後政變埋下伏筆。

西元 695 年，一場由軍區將領利昂提奧斯（Leontios）發起的政變爆發。查士丁尼二世在一次巡防途中遭兵變拘捕，

041

第二章　王朝交替中的鬥爭與動盪：從君士坦丁四世到利奧三世

　　隨即被帶回君士坦丁堡，並遭元老院審訊與剝奪皇位。他被判鼻子切除，象徵性「去皇性」，並被流放至克里米亞的契爾索（Cherson）。這一酷刑使其從「神授皇帝」淪為「失鼻之人」，其象徵性羞辱意味重大。

　　儘管流放，查士丁尼並未放棄重返帝位。他在克里米亞期間不斷籠絡當地軍民，並與可薩可汗建立政治聯盟，迎娶可汗之妹作為新皇后。此後更密謀東山再起，聯絡保加爾與帝國境內殘餘勢力，計畫復辟大業。這段流放生活不僅未磨滅其野心，反而讓他更堅定地想以強勢手段奪回皇位。

　　查士丁尼二世的首次統治，以高壓手段、經濟重稅、宗教專制與猜忌文化為核心，雖在短期內穩住中央體系，但最終引爆社會與軍方全面反撲。其被流放與受辱命運，成為拜占庭政治史中「由盛轉衰、由權入辱」的經典案例。他的故事，也預示著未來帝國政局將進一步陷入復辟與政變的循環，帝位不再代表制度穩定，而是暴力競奪的結果。

　　在查士丁尼二世的第一次統治中，我們看到一個年輕皇帝如何以極端方式試圖建立一人獨裁的皇權新秩序，卻因缺乏制度支持與社會連結，終於跌入政治放逐的深淵。接下來的歷史，將見證他如何捲土重來，再度將帝國帶入一段更加血腥與矛盾交織的時代。

第三節　皇權復辟與殘酷報復

西元 705 年，查士丁尼二世在克里米亞流放近十年後，成功聯合保加爾汗特爾維爾（Tervel）率軍突襲君士坦丁堡。他憑藉可薩艦隊與保加爾重騎兵的協助，在短短三日內攻破城牆，復辟成功。此番勝利不僅出乎所有人意料，也終結了李奧斯與其繼任者提比略三世的短暫過渡政權，再度將帝位還至希拉克略家族後裔手中。

然而，查士丁尼的復位，並未為帝國帶來和平，而是揭開拜占庭政治報復主義最血腥的一章。他將復辟視為神意與正義的勝利，並宣稱「寬恕即背叛，清算方能立國」。在這種思維驅使下，皇帝旋即展開前所未有的報復行動。

首先，所有參與或默許 695 年政變的將領與文官，不論是否仍在職或已退隱，均被召回君士坦丁堡。他命令重新審訊李奧斯與提貝里烏斯三世，並將二人及其家族公開遊街羞辱後斬首，首級懸掛於宮門三日。元老院議員中凡有表決支持廢黜其位者，一律削爵流放。據記載，共有超過三百人遭致死或終身監禁，形成宮廷內部一次有系統的大清洗。

宗教界亦未能倖免。查士丁尼對在其第一次統治中未予支持的主教採取連坐政策，並任命忠於己身的神職人員取而代之。教會在短時間內失去許多學養與威望兼具的領袖，導

043

第二章　王朝交替中的鬥爭與動盪：從君士坦丁四世到利奧三世

致基層信徒反彈與信仰動搖。在君士坦丁堡，多座修道院因「容納叛徒」而被封閉，修士或遭驅逐，或遭鞭刑。

經濟政策也轉為極端。他懷疑帝國貴族在其流亡期間累積財富以圖謀不軌，遂下令徹查資產、課以重稅。許多豪族為避禍而私下遷往軍區或投靠教會。城市中頻傳商人被沒收財產、工匠遭控逃稅而監禁的案件，導致帝國經濟活動大幅萎縮。

為強化統治，他在君士坦丁堡設立「皇帝內衛軍」，由可薩士兵與保加爾騎兵組成，專責監控軍方與市民。此舉使得本地軍隊與市政守衛感到失寵與敵視，加深民族與階級對立，也讓皇帝與首都居民的關係日益緊張。

查士丁尼的第二次統治，在形式上恢復皇權尊嚴，實則將帝國拖入全面恐怖統治。恐懼取代了共識，報復取代了治理，帝國的法治體系與政治文化在短短幾年內幾近瓦解。

面對這種極端統治，反對聲浪開始從邊疆軍區與教會底層聚集。特別是在亞細亞與色雷斯等軍區，將領與地方貴族紛紛展現不滿情緒。儘管查士丁尼透過情報系統持續監控，但對於廣泛流動的不滿情緒已難以根除。

西元 711 年，帝國軍區發動政變，由軍頭菲利皮科斯（Philippicus）率兵攻入君士坦丁堡。查士丁尼未及組織有效防禦即遭兵變拘捕。他與其年幼之子被就地處決，遺體沉於

海中。其統治的第二段期程，以更殘酷、更孤立、更迅速的崩潰方式落幕。

這場復辟與清算，不僅未能恢復帝國穩定，反而重創皇權的正當性與社會信任基礎。查士丁尼二世的悲劇性統治，成為拜占庭史中「個人復仇即國家治理」的極端典型，也揭示了當集權無制度約束時，權力如何自我毀滅。

第四節　查士丁尼二世之死與王朝終焉

查士丁尼二世在位期間的復辟與報復行動，不僅未能為帝國帶來持久穩定，反而強化了皇位的暴力性質與制度上的脆弱。他的死亡雖然結束了一段混亂與極權交織的統治期，但也代表希拉克略王朝的真正終焉，象徵著拜占庭帝國一個政治時代的徹底瓦解。

西元711年春，來自色雷斯軍區的將領菲利皮科斯（Philippicus）率領叛軍成功攻入君士坦丁堡。此役幾乎未遭太多抵抗，反映出查士丁尼二世已完全失去首都軍民的信任與支持。皇帝本人與其幼子當場被捕並迅速處決，屍體投入伊斯坦堡海峽，以斷其子嗣、滅其血脈。

這場政變不同於過往的軍事奪權。它不僅針對個人，更針對整個皇族體系，象徵著對希拉克略血統政權的徹底否定。查

第二章　王朝交替中的鬥爭與動盪：從君士坦丁四世到利奧三世

士丁尼二世的殘暴統治早已使希拉克略家族失去神授與正統的象徵價值，他的死亡讓民間普遍認為是一種必要的結束。

政變後，菲利皮科斯即位，試圖重整帝國，但他的統治亦難脫軍閥式的權宜色彩。希拉克略王朝兩代以來建立的皇權基礎，在連年政變、復辟與政敵清洗中徹底崩壞。無論是君士坦斯二世的恐懼政治、查士丁尼的殘酷報復，還是宗教控制與財政壓迫，都讓這個王朝成為拜占庭政治史上最血腥且爭議最大的時代之一。

王朝終焉不只是皇室消亡，更是整個政治秩序失靈的表現。制度未能保障繼承穩定，皇權與軍權、宗教、財政之間缺乏有效協調機制，使得政變成為唯一有效的政權轉移工具。這一點在查士丁尼二世死後尤為明顯：軍頭可隨意擁立與廢黜皇帝，宗教淪為皇權工具，民間信任已近崩潰。

查士丁尼的死亡，更讓後世理解到皇帝的神聖性已不復存在。他不再是「上帝的影子」，而是「一個可能隨時被殺的凡人」。這種觀念的轉變徹底改變了拜占庭皇權的性質，使之更加依賴軍事支持與恐懼控制，也為之後的軍人皇帝時代鋪平了道路。

文化上，查士丁尼的統治對拜占庭精神亦造成重創。他肆意破壞文獻、關閉神學院、壓制自由討論，使得拜占庭原本以學術與信仰為尊的傳統受到重擊。其統治留下的，不是皇權榮耀，而是知識與制度的廢墟。

因此,查士丁尼二世之死,不僅是個人的崩潰,而是拜占庭政治神話的一次終結。他讓帝國理解,過去那種依附於血統、軍功與神意的統治方式已無法維持一個多元、龐大且面對內外危機的帝國。從此之後,拜占庭皇位進入一個更加動盪、現實且殘酷的時代,其政治將更加倚賴軍事力量、地方派系與宗教妥協,而非皇室光環與神授合法性。

第五節　阿納斯塔修斯二世的登基與瓦解

查士丁尼二世死後,拜占庭帝國的皇位陷入短暫而激烈的真空。叛軍領袖菲利皮科斯雖然順利奪權,但其統治缺乏軍方與教會的廣泛支持。更糟的是,他擅自推行基督一志論信仰,試圖改變第六次大公會議所定之教義立場,導致教會與信眾強烈反彈。教宗塞爾吉烏斯一世甚至公開拒絕承認其合法性,致使宗政關係幾乎決裂。

此外,菲利皮科斯的政權也未能有效整合邊防軍區,特別是小亞細亞與色雷斯地區的軍隊對其統治抱持疑慮。西元713年,阿納斯塔修斯二世(Anastasius II)在軍方與元老院的共同支持下發動政變,廢黜菲利皮科斯,自立為皇。這位出身文官體系、原為財政官的大臣,標榜恢復正統信仰與穩定內政,並嘗試重建皇位的制度合法性。

第二章　王朝交替中的鬥爭與動盪：從君士坦丁四世到利奧三世

　　阿納斯塔修斯上臺後，第一步即召開宗教會議，重新確認大公會議的決議，撤銷菲利皮科斯任命的主教與宗教法令，安撫教會與民眾信任。他整頓宮廷制度，汰換原政變時期的可疑將領，並與教宗重新建立連繫，希望透過宗政合作恢復政權的道德正當性。

　　在軍事方面，阿納斯塔修斯意圖穩固東部邊防，調動亞美尼亞與敘利亞軍區兵力防備奧瑪亞帝國的持續進犯。他加強海軍巡邏與港口防衛，並恢復對小亞細亞的糧食與稅收控制權。這些措施在短時間內獲得一定成效，使帝國內部暫時止穩。

　　然而，真正的威脅來自帝國邊疆的軍事將領。尤其是色雷斯與奧普西金（Opsikion）軍區的將領對阿納斯塔修斯並無個人效忠基礎。他們長期以來習慣參與皇位推舉，並認為自身兵權應能左右政局走向。阿納斯塔修斯削弱軍區獨立權的舉措，反而激起將領們的不滿與防備。

　　西元715年，奧普西金軍區將領擁立海軍軍官狄奧多西三世（Theodosios III）為皇，率軍進攻君士坦丁堡。雖然阿納斯塔修斯親率部隊迎戰，卻因兵力不足與內部信任鬆動，最終戰敗。狄奧多西三世順利進入首都，阿納斯塔修斯則被迫退位並削髮為僧，退隱至修道院。

　　他的退位並未引發大規模流血或報復，反而成為拜占庭罕見的「和平政權轉移」範例之一。這在政治文化極度殘酷的時代顯得特別異常，顯示其短暫統治雖無軍事強權，卻有一

種制度與德性上的寬容遺風。

阿納斯塔修斯二世的統治，時間雖短，但意義深遠。他試圖以制度回應暴力政權的崩解，用法理與宗教權威重建皇位的正統性。雖然最終失敗，但這種努力在拜占庭歷史中留下珍貴的嘗試紀錄。他證明了即使在血腥輪替與將領壟斷的環境下，制度性治理仍有可能發揮其倫理影響力。

第六節　狄奧多西三世的過渡統治

狄奧多西三世（Theodosios III）的登基是拜占庭軍區將領對文官皇帝不信任的直接表現，也是帝國進入高度軍事化政治結構的明確轉折點。作為原為海軍稅務官的小官吏，狄奧多西並非積極爭權者，反而是被奧普西金軍區將領推擁上臺、用以對抗阿納斯塔修斯二世中央集權措施的「工具型皇帝」。他的即位，既無制度依據、也未經教會認證，純屬一場武裝政變的結果。

狄奧多西三世於西元715年攻入君士坦丁堡後，為爭取合法性與穩定軍心，採取高度懷柔政策。他大赦所有阿納斯塔修斯時期的宮廷官員與軍方人員，並承諾保留舊有行政結構不動，試圖營造「延續性政權」的印象。然而，這種作法雖表面緩和政治對立，卻也突顯其缺乏主導政策的能力。

第二章　王朝交替中的鬥爭與動盪：從君士坦丁四世到利奧三世

在宗教方面，狄奧多西試圖維持前任所恢復的教義正統，未再干預教會高層任命，並積極與羅馬教宗重建連繫。教會對其態度謹慎，雖未公開否定，但也未主動擁戴，實質上將其視為短暫過渡人選。

在軍事與外交領域，狄奧多西面臨雙重壓力。一方面，東線奧瑪亞帝國持續騷擾，帝國邊防數度告急；另一方面，色雷斯軍區將領利奧（Leo，後為利奧三世）在小亞細亞崛起，擁有堅實軍隊與明確政治抱負，開始逐步蠶食皇權影響力。狄奧多西缺乏軍事資歷與將領支持，無法有效調度資源應對雙線威脅。

為彌補軍方不信任，他大舉任用奧普西金軍區官員為要職，導致其他軍區強烈不滿，進一步削弱中央凝聚力。尤其是利奧在安納托力亞軍區的勢力迅速擴張，並宣稱自己比狄奧多西更具防衛帝國與維護正統信仰的能力，逐漸贏得貴族與教會的支持。

西元 717 年春，利奧軍隊向君士坦丁堡進軍，號召首都軍民擁立其為皇。面對幾乎無法抗拒的軍事與政治壓力，狄奧多西選擇不抵抗，主動退位並削髮為僧。這一舉動顯示其政治務實態度，也避免了一場可能波及百姓的內戰。其子亦未被追殺，反而被納入新政權之下，保留一定榮譽地位。

狄奧多西三世的統治時期雖短（715～717 年），卻呈現出典型的「過渡皇帝」特質。他並無政治野心與軍事實力，僅

是軍方為暫時平衡內外壓力所擁立的象徵性領導者。他的統治既未引發重大改革，也未釀成嚴重災難，猶如一道帝國歷史中的「沉默橋梁」，接合了兩段不同皇權形態的時代。

第七節　利奧三世的軍事政變

利奧三世（Leo III）的崛起，是拜占庭軍事體系自發重塑政治核心的決定性事件。在帝國連年政變與權力真空的背景下，來自安納托力亞軍區的利奧不僅憑藉其軍事能力與政治遠見迅速擴張勢力，更在策略與正當性建構上展現出超越過往軍人將領的敏銳與精準。

西元717年，利奧以「捍衛帝國、重建正統」為名，集結其在安納托力亞軍區的主力部隊，向君士坦丁堡進軍。他並未一味訴諸武力，而是同時展開外交與宣傳戰，向首都元老院、教會及市民發布政見聲明，強調將恢復宗教秩序、整頓軍政腐敗並改革財政，以此爭取合法性。

利奧的軍事策略更顯其不凡。他避開正面攻城，而選擇包圍並切斷城外補給，同時派遣密使潛入城中瓦解守軍士氣。狄奧多西三世原本便缺乏軍中威信，加上首都居民普遍對其無感，最終選擇退位。利奧於同年六月不費一兵一卒進入君士坦丁堡，正式登基，是拜占庭史上少數非血腥軍事政

■第二章　王朝交替中的鬥爭與動盪：從君士坦丁四世到利奧三世

變的成功範例。

登基之初，利奧迅速展現其改革意志。他懲治少數在政變中阻撓軍隊通行的宮廷成員，但大致採取寬容政策，未展開大規模清洗，顯示其有意凝聚全國共識。他亦立即恢復與教宗的書信往來，確認自身統治的宗教合法性。

軍事方面，利奧著手重整軍區制度，設立更清晰的軍政劃分與指揮層級。他針對軍餉發放與裝備補充制度進行改革，意圖降低將領擁兵自重的可能性。他同時強化對東部邊疆的防禦布署，穩定亞美尼亞與敘利亞地區，對奧瑪亞王朝形成有效牽制。

值得注意的是，利奧的政變之所以被歷史視為轉捩點，不僅因其方式「低流血、高效率」，更在於他打破了皇位僅由貴族或宗室世襲的想像，代表軍方實力者可以透過正當性操作與制度安排成為帝國領袖。他的上位為日後軍人皇帝開創路徑，也使軍區首領政治化成為常態。

第八節　聖像破壞政策的發起

利奧三世雖以軍事政變登基，但其統治的最具爭議性標誌，莫過於聖像破壞運動（Iconoclasm）的啟動。這一政策的誕生，並非單一宗教改革行動，而是皇權意圖控制宗教權

第八節　聖像破壞政策的發起

威、統整帝國思想與鞏固政治合法性的總體戰略。

自七世紀以來，聖像在拜占庭社會的地位逐漸提升，成為信徒日常敬拜與教堂裝飾不可或缺的部分。然而，在阿拉伯勢力的文化與軍事壓迫下，部分東方神學人士開始質疑聖像是否觸犯十誡中「不可為自己雕刻偶像」的戒律。利奧三世即是在這樣的神學與政治氛圍中，找到進行「宗教重整」的切入點。

據米海爾‧普塞洛斯《編年史》記載，利奧三世曾在面對奧瑪亞軍事威脅時，宣稱得到神示，認為帝國之所以連年戰敗，是因神明不悅於人民對聖像的崇拜，視之為「偶像崇拜」。他遂於西元726年頒布敕令，正式下令拆除帝國境內所有聖像，並嚴禁教會與民眾供奉與繪製耶穌、聖母與諸聖的形象。

這項命令一出，立即引爆強烈爭議。君士坦丁堡部分主教與修士公開反對，認為皇帝無權干涉教義內容。許多修道院成員組織地下抵抗，堅守聖像製作與供奉的權利。部分地區甚至發生民眾與帝國軍隊之間的暴力衝突，顯示這不只是神學論爭，而是信仰與皇權的正面對決。

教會之外，貴族與平民對政策的反應亦出現分歧。城市中產階級與部分軍人支持皇帝整頓宗教秩序的舉措，認為可以打擊教會貪腐並提升帝國精神統一；而農村與東部省份民眾，則因聖像是其日常信仰與社群凝聚的核心，普遍表現出抗拒甚至敵意。

■第二章　王朝交替中的鬥爭與動盪：從君士坦丁四世到利奧三世

　　對外，羅馬教廷對此極為憤慨。教宗額我略二世（Gregorius II）於西元727年公開譴責利奧三世，斷絕與君士坦丁堡的宗教交流，並召開地區會議重申聖像崇拜的合法性。此舉不僅加深東西教會之間的裂痕，也導致義大利部分地區開始脫離拜占庭中央控制，轉向教宗政治勢力。

　　為強化政策推行，利奧三世下令設立「宗教糾察隊」，巡查各地教堂與民居，查禁聖像並懲罰違令者。違者輕則沒收財產、充軍，重則鞭笞、處死。這些行動雖短期內削弱教會的物質基礎，卻也造成社會普遍不安。

　　值得注意的是，聖像破壞政策雖具宗教性，卻實質為一場「文化再分配」。皇帝將信仰象徵與視覺權威從神職者手中奪回，重新界定「何為正統」、「誰能詮釋真理」。在這個意義上，利奧三世透過宗教爭議重構政治核心，使皇權不再是依附宗教的工具，而是轉為信仰權威的製造者。

第九節　民間反彈與教會裂痕

　　聖像破壞政策一經推行，旋即引發帝國內部劇烈的社會動盪與宗教裂痕。不同階層、地區與族群對此反應各異，從被動抵抗到公開對抗，顯示聖像問題不僅是神學分歧，更是權力與認同的深層衝突。

第九節　民間反彈與教會裂痕

首先，民間反彈最為迅速且廣泛。在小亞細亞與敘利亞的農村社群中，聖像扮演的不僅是宗教象徵，更是日常生活與地方認同的核心。民眾將聖像視為守護村落、庇佑家庭與象徵天意的媒介。利奧三世下令拆除聖像與毀壞教堂壁畫的舉措，不啻於侵犯信仰根基。在許多地區，婦女與老人組成自衛團體，護衛當地教堂與修道院的聖像，甚至不惜與皇家軍隊對峙。

而在城市中，反應則更加分裂。部分商人與官僚階層基於對皇權的支持或利益考量選擇附和政策，但更多中產階級民眾，特別是與修道院有密切經濟與宗教連繫的群體，選擇私下保存聖像，或轉向地下教會活動。君士坦丁堡部分地區更出現祕密集會與非正式神職人員主持的聖像禮拜，象徵對皇權的軟性抗命。

教會方面，裂痕更加劇烈。雖然君士坦丁堡牧首職位仍由皇帝控制，但大量主教與修道士拒絕配合政策，甚至撰寫公開信批判聖像破壞為「敵基督」行為。以尼西亞與卡帕多西亞為首的教區拒絕交出聖像並拒絕配合中央指令，導致利奧三世對其進行大規模主教更換與修道院封閉措施。

此舉進一步削弱教會內部凝聚力，迫使大批神職人員逃亡至義大利、亞美尼亞或避難至羅馬教廷轄區。這些流亡神職者後來在西方教會中發揮重大影響，強化羅馬教廷對「圖像神學」的捍衛與闡述，並進一步鞏固東西教會分裂的神學根據。

第二章　王朝交替中的鬥爭與動盪：從君士坦丁四世到利奧三世

羅馬方面，教宗額我略三世繼任後，於 731 年召開地區性會議，明確重申聖像崇拜的正當性，並宣布與拒絕聖像的皇帝政權劃清界線。這場宗教斷裂導致拜占庭在義大利的行政與宗教控制力全面崩潰。拉溫那與拿坡里等地先後宣告轉而服從教宗，而非君士坦丁堡牧首，實質改變地中海政治與宗教格局。

在制度層面，聖像破壞政策也使教會與皇權之間原本的合作關係逐漸瓦解。皇帝不再是教會的保護者與仲裁者，而轉為其最大對手。這種變化削弱皇帝在人民心中的神授形象，轉而成為一種強制與世俗暴力的象徵。

社會氛圍也因政策推行而趨向極化。家庭與社群因聖像立場不同產生裂痕，甚至出現父子分裂、修士遭親族檢舉的案例。修道院過去作為慈善與教育中心的功能被削弱，信仰生活的公共性日益縮減。整個帝國進入一種「內在流亡」狀態，信徒雖身在帝國疆域，卻將信仰寄託於地下教會與流亡神職者，形成另一層次的「平行宗教秩序」。

第十節　新王朝的成立與正統性辯證

利奧三世透過軍事政變掌握皇位後，開創伊蘇里亞王朝（Isaurian dynasty），這不僅是政治勢力的更替，更是一場關於

第十節　新王朝的成立與正統性辯證

統治正當性與皇權理念的辯證歷程。他所建立的新王朝，既要對抗過往王朝遺緒與宗教勢力對其出身與手段的質疑，也必須重新詮釋「合法」皇位的內涵，來確保政權的穩定與延續。

傳統上，拜占庭的皇權建構基於三重基石：血統、軍功與神授。利奧出身於安納托力亞的軍事家庭，既非希拉克略家族後裔，亦無深厚的首都宮廷背景。因此，他的正統性難以倚靠傳統皇室血脈支撐，只能轉向軍功與宗教詮釋。

為鞏固其合法性，利奧三世進行一連串象徵性與制度性操作。首先，他強調自己的登基乃「神之安排」，將成功奪權與擊退阿拉伯圍城之功勞描繪為神的選民證明。他命人於君士坦丁堡重要教堂中繪製其擊退奧瑪亞大軍的壁畫，塑造一種近乎神聖的領袖形象。

其次，他重啟宮廷典儀制度，強化皇帝作為「神在人間影像」的地位，卻同時破壞聖像，藉由消除教會對視覺權威的壟斷來建構新式信仰權威中心。這種矛盾策略在形式上延續傳統，實則將宗教象徵轉化為皇權專屬工具。

制度上，利奧實施一系列法制改革，試圖展現其為新秩序締造者。他修訂《農村法典》，限制貴族對農民土地的控制，加強中央財政徵收能力；他亦整頓軍區結構，規範將領權限，防止地方軍閥坐大。這些措施雖引起貴族反彈，卻強化了皇權基礎，使其政權不再僅依賴軍力，而具備行政與法律依據。

第二章　王朝交替中的鬥爭與動盪：從君士坦丁四世到利奧三世

　　教會方面，為應對西方教宗對其正統性質疑，利奧三世逐漸將君士坦丁堡牧首定位為與羅馬教廷平起平坐的宗教權威，甚至在教義上主導「拜占庭正統」的界定。他授予多位親近主教地方管理權與財政資源，使教會在制度上依附皇權，形成拜占庭特有的政教合一局面。

　　然而，王朝成立之初的正統性辯證並未獲得全然成功。東方軍區對於其宗教政策與文化破壞表達不滿，西方教廷對其破壞聖像行為持續抵制，甚至開始在義大利地區扶持地方勢力與法蘭克王國聯繫。這使得伊蘇里亞王朝從一開始就處於內外夾擊的困境中。

　　不過，利奧三世的政治耐力與制度設計能力，使其仍能維持王朝穩定並將皇位順利傳給其子君士坦丁五世，成為拜占庭少數能延續兩代以上的非貴族出身王朝。他證明，皇位的正統性並非只能由血緣承繼，而能透過軍功、法律、象徵與宗教再造的方式重構。

第三章
皇室與信仰之爭：
從君士坦丁五世到伊琳娜女皇

第三章　皇室與信仰之爭：從君士坦丁五世到伊琳娜女皇

第一節　君士坦丁五世的軍功與鐵腕

君士坦丁五世（Constantine V），利奧三世之子，自西元 741 年登基後，以堅毅果斷的軍事領導與對內強力整頓著稱。他在位超過三十年，是拜占庭八世紀最具行動力與爭議性的皇帝之一。其統治既展現軍事擴張的實績，也伴隨對內宗教高壓與政敵清洗，成為伊蘇里亞王朝皇權實質穩固的關鍵推手。

君士坦丁五世繼承父親對聖像破壞的立場，卻將之進一步制度化與軍事化。他深信聖像崇拜是帝國戰敗與道德衰敗的根源，視之為異端迷信與社會腐蝕力量。他登基初期即重新召開宗教會議，重申聖像為違反教義之物，並下令擴大查禁與清洗教堂壁畫與修道院藏品，賦予軍隊與地方官員執行宗教糾察的任務。

這項措施在軍事治理結構中，成為集中統一政權的有效工具。他任命多位出身軍中的主教與行政官，取代原本學識與信仰背景濃厚的神職人員，打造「軍政一體」的皇室官僚團隊。這一改革雖削弱教會學術與靈性聲望，卻使皇帝統治觸角深入鄉村與地方教區。

在軍事方面，君士坦丁五世展現非凡的戰略視野與指揮能力。他針對奧瑪亞帝國頻繁進攻進行多次邊疆反擊，重新整頓亞美尼亞與敘利亞邊防軍區，建立軍民合一的防禦機

第一節　君士坦丁五世的軍功與鐵腕

制。他亦整修多條軍道與邊境城防，強化帝國對高加索地區與小亞細亞的掌控。

其最大軍事成就，莫過於擊退保加利亞人並鞏固多瑙河防線。他多次率軍深入保加利亞腹地，於西元 755～763 年間進行至少五次大型戰役，成功摧毀保加利亞數座堡壘與糧倉，並迫使對方求和。雖未能長期控制該地，但有效遏制其南侵，並保衛色雷斯與馬其頓軍區的穩定。

君士坦丁五世亦極力防範內部軍官叛變。他強化宮廷衛兵系統，並對軍區將領進行頻繁調職與財產審查。他設立特務體系監控地方軍政運作，凡有不服命令或圖謀不軌者，即遭懲處或流放。雖有批評者指控其手段殘暴，但在高風險的內外局勢下，其鐵腕政策使帝國軍事紀律空前穩固。

除軍事與宗教整肅外，君士坦丁五世亦推動財政與社會改革。他徵收教會土地與財產，用以補貼軍隊與行政支出，並鼓勵軍人屯墾、建立軍屯制度，提升糧食自給與軍隊自養能力。此外，他推行稅賦重新編列，確保地方貴族無法逃漏徵稅義務。

君士坦丁五世的強勢統治雖在軍事與財政面取得卓越成效，但其對異見的壓制與對教會的逼迫也造成長期政治對立與信仰撕裂。他的名字在修道士筆下往往與「敵基督」畫上等號，但在軍方與貴族支持者中則被視為捍衛帝國與正信的英雄。

第三章　皇室與信仰之爭：從君士坦丁五世到伊琳娜女皇

第二節　教會迫害與聖像政策深化

君士坦丁五世在位期間，對聖像崇拜的迫害進一步升級，其手段之激烈、範圍之廣泛，使拜占庭宗教與政治的裂痕再度擴大，並塑造出皇權與教權對立的新格局。他不僅繼承其父利奧三世的聖像破壞政策，更將之轉化為帝國統治的核心意識形態，展開系統性的教會清洗與思想整合工程。

西元754年，君士坦丁五世親自召開君士坦丁堡會議（亦稱伊拉克利亞會議），不邀羅馬教宗與東方教區主教參與，僅召集親皇派神職人員，透過此會議正式宣布聖像崇拜為異端，並將製作、保存、敬拜聖像視為違法行為。這場會議雖被後世視為「偽會議」，但其影響深遠，成為官方鎮壓聖像運動的理據基礎。

君士坦丁五世下令拆毀帝國各地的聖像與壁畫，特別針對修道院與主教座堂進行「淨化工程」，派遣軍隊進行搜索與摧毀。許多擁護聖像的修士被強迫剃髮、驅逐，甚至遭施以肉刑處決。根據記載，僅在小亞細亞一地，被處以殘酷刑罰的聖像擁護者超過兩百人。

為打擊修道體系對信仰與社會的影響力，君士坦丁五世推動修道院解散政策，將其土地收歸國有，充作軍餉與官俸支出。許多修道院因此被改為軍屯、馬廄或倉庫，不僅重創教會財政，亦切斷修道傳統與地方社群的精神連結。這些舉

第二節　教會迫害與聖像政策深化

措被視為帝國史上最嚴重的反修道行動。

君士坦丁五世對異議神職的處置亦極為嚴苛。他設立「宗教法庭」，審訊不服皇令的主教與修士，罪名多為「煽動異端」、「違反皇命」、「擾亂秩序」。審訊過程缺乏正當程序，常以告密與冤屈為依據。這使得眾多具聲望的宗教領袖流亡至義大利、亞美尼亞與中東地區，促成拜占庭知識與信仰的外移。

皇帝亦積極扶植親皇神職與神學論述，透過重新撰寫教義文本、出版新式教理問答、在教育機構推動無像信仰課程，全面重塑帝國的宗教思想。其目的在於建立「國教唯皇詮釋」的體系，將皇權本身神化為真理之源，而非教會。

這些政策的後果之一，是民間信仰與官方宗教之間的斷裂擴大。雖然城市中部分貴族與官僚表面支持皇帝政策，但農村與下層民眾仍私下保存聖像，透過地下教會、隱蔽聖堂延續傳統敬拜習俗。許多家庭藏匿小型木刻或石雕聖像於壁爐、墓園或田間祠堂之中，形成一種「靜默的抵抗文化」。

另一方面，羅馬教宗繼續對君士坦丁五世的政策發出譴責，並宣布其所召開之會議為非法，斷絕雙方往來。此舉不僅使東西教會關係惡化，也導致拜占庭在義大利控制區失勢，間接促進教廷與法蘭克王國的政治結盟。

值得注意的是，君士坦丁五世本人並非反對基督信仰，而是企圖將宗教秩序納入國家機器管理。其施政背後蘊含一

063

■第三章　皇室與信仰之爭：從君士坦丁五世到伊琳娜女皇

種「以軍政主導信仰」的治理邏輯，認為唯有排除異議、統一教義，方能穩固帝國內部團結、對抗外患。

第三節　利奧四世的短命執政

君士坦丁五世於西元 775 年逝世後，其子利奧四世（Leo IV）隨即繼位。這位年僅二十五歲的新皇帝承襲伊蘇里亞王朝的政權，但在位僅短短五年（西元 775～780 年），即因病早逝。他雖未留下軍事征戰或重大法令，但其統治期間卻深具過渡性意義，為皇后伊琳娜的崛起與宗教政策的逆轉奠定了政治條件與權力空間。

利奧四世出生於軍人家庭，幼年即受其父嚴格訓練，被視為接班人培養。他在少年時期即曾參與對保加利亞與阿拉伯邊境的軍事行動，並被任命為「共治皇帝」，熟悉軍政運作。然而，長年體弱多病，患有肺結核，使其無法完全繼承其父那種強勢與鐵腕的統治風格。

在宗教政策上，利奧四世延續父親對聖像破壞的基本立場，卻在實際執行上較為溫和。他未召開新的宗教會議，也未再推動修道院大規模查封，反而默許部分聖像擁護者返回帝國境內，條件是不得公開製像或講道。這種微妙的放寬並非出自理念上的轉變，而是來自對內部穩定的實際考量——

第三節　利奧四世的短命執政

長年迫害導致神職人才大量流亡，使帝國精神與文化系統陷入真空。此舉一方面舒緩了與部分地區教會的緊張關係，另一方面卻引起軍中強硬派不滿，認為皇帝軟弱退讓、背離祖訓。在軍政高層中，仍有許多官員堅決主張全面持續清剿聖像勢力，這使得利奧四世統治初期便陷入一種不穩定的內部權力張力之中。

更為關鍵的是，他與皇后伊琳娜之間的關係逐漸成為宮廷政治的焦點。伊琳娜出身雅典貴族，信仰虔誠並同情聖像擁護者。她婚後進入宮廷，積極組織一批有聖像立場的學者與宮人，逐漸在宮廷內形成一個「信仰緩和派」的勢力圈。在利奧病情加重之際，伊琳娜的影響力迅速擴張，甚至干預部分行政任命，為其後繼攝政布局。

利奧四世在位期間未有對外戰爭，也無重大軍事擴張。他主要致力於邊疆穩定與皇宮秩序的鞏固。雖有史料顯示他曾計畫對奧瑪亞邊境進行小規模清掃行動，但由於身體狀況不佳而中止。其統治風格偏向守成，政策中庸而無突破，故史家多將其視為過渡性君主。

西元 780 年，利奧四世病重不起，臨終前將年僅九歲的兒子君士坦丁六世立為共治皇帝，並將實際政權託付給皇后伊琳娜。這一安排象徵著拜占庭政治即將進入前所未有的母子共治局面，而伊琳娜亦從此展開她日後影響深遠的攝政與主政生涯。

第三章　皇室與信仰之爭：從君士坦丁五世到伊琳娜女皇

第四節　皇后伊琳娜的崛起與攝政

伊琳娜（Irene of Athens）是拜占庭歷史上首位以女性之身正式掌握帝國大權的統治者。她的崛起並非單靠血統或軍功，而是在帝國內部矛盾、宗教爭議與權力真空交織的背景下，透過宮廷策略與宗教聯盟逐步實現權力整合。自西元780年其夫利奧四世病逝、君士坦丁六世尚年幼即位以來，伊琳娜以皇后兼攝政之姿主導政務，其政治手腕與宗教政策對拜占庭造成深遠影響。

伊琳娜出身於希臘雅典一個貴族家庭，自幼接受良好教育，並擁有深厚的宗教素養。她的政治觀念深受東方正教傳統影響，特別強調皇權應與教會合作而非凌駕於信仰之上。在嫁入皇宮後，她迅速與宮廷中的親教會勢力建立連繫，尤其是在聖像破壞運動仍延續的背景下，她成為保守派與聖像擁護者的希望象徵。

利奧四世去世後，伊琳娜以母后的身分擔任攝政，實際上掌握全部朝政大權。她最初面臨的挑戰來自軍方與宮廷中的強硬派聖像破壞分子，這些人懷疑她的宗教立場，並試圖扶持其他男性成員篡奪皇位。伊琳娜以極高政治技巧化解危機，透過懷柔與清洗手段調整權力結構，任命忠誠者為要職，並遣送潛在政敵至邊疆或修道院軟禁。

第四節　皇后伊琳娜的崛起與攝政

在宗教政策上，伊琳娜逐步鋪陳聖像復興計畫。她並未立即推翻聖像破壞政策，而是先召開學者會議，重新討論聖像神學意涵，並恢復部分遭放逐的主教職位。同時，她與教宗建立積極連繫，力圖修補東西教會自利奧三世以來的裂痕。這種策略為其後西元787年召開第二次尼西亞會議奠定基礎，使聖像崇拜得以在法理與神學層面重新合法化。

伊琳娜的政治視野並未局限於宗教。她也關注行政整肅與財政調整，減少軍費開支，增強文官系統的運作效率。她重用出身非軍人階層的知識官僚，開啟自君士坦丁五世以來首次宮廷內文官主導的政治時期。這一舉措雖穩定朝政，卻也使軍方對其日益不滿，埋下往後母子對立的伏筆。

值得注意的是，伊琳娜極為重視形象建構。她在宮廷內恢復舊有的帝后並肩典儀，並在公共場合以母后的身分進行政治演說與宗教演禮，藉以塑造自己不僅是「臨時守護者」，而是擁有天命與智慧的合法統治者。她命畫工在教堂與宮殿繪製自己與兒子君士坦丁六世的聯合肖像，象徵共治，實則顯示其主導地位。

然而，其攝政地位始終建立在兒子尚未親政的基礎上。一旦君士坦丁六世成長為可獨立統治的年齡，兩人間的權力張力即逐漸升高。伊琳娜在攝政初期不僅鞏固了權位，也逐步將皇位神授與母性權威相結合，為她往後直接奪取帝位鋪平政治與象徵之路。

第三章　皇室與信仰之爭：從君士坦丁五世到伊琳娜女皇

第五節　母子共治與帝國政治失衡

自西元 780 年利奧四世去世後，其遺孤君士坦丁六世名義上登基為帝，但由於年僅九歲，朝政由其母伊琳娜攝政，拜占庭帝國進入史無前例的「母子共治」局面。這種政治安排初看似合情合理，實則蘊藏結構性矛盾。隨著君士坦丁逐漸長大，兩人間的權力關係從依附走向對立，最終演變成一場皇權爭奪的悲劇戲碼。

在伊琳娜攝政初期，她以「母后代表國家」的姿態行事，廣泛任用文官與教會人士，並著手推動宗教政策逆轉及修復東西教會裂痕，鞏固政權正當性。年幼的君士坦丁六世則僅為象徵性角色，經常出席典禮與巡行，接受宮廷安排的教育與訓練。他在國內並無實權，甚至在文件上也僅被稱為「皇帝之子」而非「共治皇帝」。

然而，隨著君士坦丁進入青春期，逐漸有意擺脫母親的掌控。他受到部分宮廷軍事派系支持，尤其是反感伊琳娜親近教會與文官的軍人集團，視君士坦丁為重建軍事榮光與男性皇權的希望。相對地，伊琳娜為維持實權，刻意延緩君士坦丁的親政程序，並嚴密監控其言行舉止。她安排親信負責君士坦丁的教育與隨從，實則將其軟禁於權力邊緣。

這種母子間的潛在權力衝突在西元 790 年前後逐漸表面化。君士坦丁不滿被排除於決策核心之外，開始積極聯絡軍

第五節　母子共治與帝國政治失衡

方與年輕官員,試圖建立屬於自己的政治班底。根據記載,君士坦丁曾在一次狩獵行程中密會將軍,提出奪權構想,甚至計劃自行召開「帝國會議」確認親政資格。

面對兒子明顯的挑釁,伊琳娜採取高壓回應。她下令撤換多位疑似與君士坦丁結盟的軍官,並在君士坦丁尚未宣告親政前,於官方文件中取消其名號,企圖使其形同廢帝。這一舉措引發軍中不滿,部分軍團拒絕接受伊琳娜命令,甚至於小亞細亞爆發兵變,擁立君士坦丁為實質皇帝。

西元 790 年,君士坦丁六世終於獲得軍方與部分元老院支持,宣布親政,並將伊琳娜軟禁於皇宮後苑。這一階段,表面上帝國恢復傳統男性皇權秩序,實則母子共治遺留的裂痕已深植政治結構。伊琳娜被迫交出權力,但其在宮廷中仍保有相當影響力,藉由太監與宮女組成的資訊網掌握朝內動態,並策動反撲機會。

君士坦丁親政後的表現卻未如期待。他缺乏父祖那般的政治手腕與軍事領導,對內鬥爭決斷不足,對外則無法有效處理保加利亞與阿拉伯邊境緊張局勢。更糟的是,他在政策上搖擺不定,時而延續母親的聖像復興政策,時而試圖討好軍方採取壓制手段,導致各方皆不信任。

母子共治結構的潰敗最終演變為兩代人政治理念與統治風格的衝突。伊琳娜堅信以文官與教會構築穩定政權的必要

■第三章　皇室與信仰之爭：從君士坦丁五世到伊琳娜女皇

性，而君士坦丁則渴望透過軍事實績與陽剛皇權來重建帝國威信。兩者缺乏妥協基礎，使得共治從合作轉為明爭暗鬥，逐步摧毀帝國核心的政治信任機制。

第六節　君士坦丁六世的成年與叛變

　　拜占庭帝國歷史上，君士坦丁六世（Constantine VI）可說是一位悲劇性的青年皇帝。他在極度矛盾的政治環境中成長，既繼承父親利奧四世所遺留下的軍事皇權與聖像破壞遺緒，又承襲母親伊琳娜攝政以來的文官體系與聖像復興政策。然而，在他成年後試圖脫離母親陰影、自主統治的過程中，這些矛盾爆發為全面性政治衝突，使他的叛變看似釋放皇權，實則加速自身命運的崩毀。

　　西元 790 年，十七歲的君士坦丁六世在軍隊支持下宣布親政，推翻伊琳娜的攝政地位。這場叛變是拜占庭宮廷體制中罕見的「兒子對母親」的政變，表面上獲得多數軍人與部分元老院支持，但實際上，君士坦丁尚未準備好面對帝國統治的複雜性。他的政治經驗與行政能力遠不如伊琳娜，且缺乏穩固的派系依靠，使他登上皇位後陷入政策遲滯與內外孤立的困境。

　　在宗教政策方面，君士坦丁六世未能提出一致明確的立場。他一方面想繼續母親推動的聖像復興路線，以安撫教會

第六節　君士坦丁六世的成年與叛變

與西方勢力，另一方面又屈從於軍方部分聖像破壞派系壓力，對修道院與神職人員施加限制。他甚至曾下令驅逐部分強烈聖像擁護的主教，引起教會與民眾反感。這種政策搖擺不定，使他在兩大政治支柱之間失去信任。

外交方面，他面臨的是東線奧瑪亞勢力的軍事威脅與西方法蘭克王國的政治壓力。由於他無法穩定軍隊士氣，也未能與教宗建立穩固聯盟，導致邊境不斷失守，帝國形象衰退。與此同時，西方已明顯轉向支持教宗與查理曼的聯盟，君士坦丁六世失去帝國在義大利的話語權。

內政方面，他在個人決策上表現出高度不成熟與情緒化。最具爭議的事件莫過於他與正室瑪莉亞離婚並迎娶宮女狄奧多塔（Theodote），此舉不僅違反教會教義，更引發所謂「莫奇安爭議」（Moechian Controversy）——即神職人員拒絕承認其再婚為合法婚姻。反對聲浪自修道院與教區擴散，最終導致宗教反彈轉化為政治危機。君士坦丁為壓制抗議，下令流放反對再婚的主教與修士，進一步惡化其與教會關係。

更嚴重的是，他缺乏對權臣與宮廷鬥爭的掌控力。在親政後，為削弱母親勢力，他大舉撤換伊琳娜派系官員，但這些新人並未帶來效用，反而使政務更加混亂。伊琳娜雖名義上被剝奪權力，實際仍控制後宮與財政部門，並透過太監與文官網絡操縱宮廷輿論與情報，使君士坦丁無法完全掌握局勢。

第三章　皇室與信仰之爭：從君士坦丁五世到伊琳娜女皇

西元 792 年，君士坦丁面對日益增加的軍事失利與內部政局不穩，決定主動邀請母親重新共治，以求平衡貴族與教會壓力。這一舉措在軍中激起不滿，許多將領視此為皇帝無能妥協的象徵，君士坦丁威信再度崩解。共治局面並未帶來穩定，反而變成權力倒退的開始，伊琳娜逐步重新掌控政務核心，為後續政變做準備。

第七節　皇權爭奪戰的殘酷轉折

拜占庭帝國的歷史充斥著宮廷鬥爭與皇位更替，但君士坦丁六世與其母伊琳娜之間的權力角力，無疑是其中最錯綜複雜、情感與政治最殘酷交織的一章。從原先的攝政母親與年幼皇帝，到權力翻轉下的母子共治，再到雙方明爭暗鬥，最終演變為一場致命的皇權爭奪戰，其結局不僅震撼當時社會，也永久改變了拜占庭對「皇權正統」的定義。

自君士坦丁六世於西元 790 年親政以來，政治局勢便陷入長期動盪。其政策反覆無常、軍事失利頻傳、宗教爭議擴大，加上個人生活上的再婚醜聞，使其支持基礎迅速瓦解。反觀伊琳娜，雖表面退出權力核心，實則暗中重建宮廷聯盟，透過與文官、太監與親教會派系的結盟，逐步恢復影響力。

第七節　皇權爭奪戰的殘酷轉折

　　西元 792 年母子恢復共治後，君士坦丁本欲藉重母親穩定政局，卻未意識到此舉反而讓伊琳娜有機可乘。她藉由共治名義重新進入帝國行政中樞，重新任用親信、操縱官僚體系、掌控財政命脈。更關鍵的是，她逐步重建與軍隊的關係，透過犒賞與任命左右前線軍官，挖空君士坦丁的軍事支援網絡。

　　宮廷內部很快形成兩股勢力：一為支持君士坦丁六世的軍事與貴族派，主張恢復陽剛皇權與帝國主動戰略；另一為支持伊琳娜的文官與教會派，傾向強化內政與宗教保守政策。這兩派對立不僅反映於政令與人事，更波及社會基層，使帝國處於近乎無法治理的狀態。

　　伊琳娜的政變計畫於西元 797 年成熟。她祕密指派親信太監組成宮廷衛隊核心，排除反對聲音，並策劃軟禁君士坦丁六世的計畫。根據《編年史》，政變當日清晨，伊琳娜的衛隊在皇宮中突襲君士坦丁的寢室，將他押往後宮，並在未經審判的情況下將其雙目刺盲，藉以終結其統治正當性。這一血腥手段雖為拜占庭歷來皇位鬥爭常態，但在母子關係之中實行，仍使整個帝國為之震驚。

　　君士坦丁被致盲後被軟禁至小島修道院，不久後死亡。官方從未公開其死訊，只以「皇位移交」簡短記載掩蓋真相。伊琳娜則正式加冕為「拜占庭女皇」，首開女性單獨稱帝之先例，其統治時期雖短，卻在形式上打破傳統性別與權力界限。

■ 第三章　皇室與信仰之爭：從君士坦丁五世到伊琳娜女皇

　　這場皇權轉折可說是拜占庭歷史上最劇烈的倫理與制度斷裂。從家庭內部的親情，到皇室血脈的傳承，再到皇權的象徵權威，全被這場政變重構。伊琳娜的行動雖在短期內確立統治地位，卻在長期上讓帝國陷入合法性危機。西方勢力對女性稱帝持否定立場，進而促成西元 800 年教宗加冕查理曼為「羅馬人的皇帝」，象徵西方對拜占庭正統性的否定。

第八節　君士坦丁六世遭致失明處刑

　　拜占庭歷史中充滿血腥政變與皇族間的弒奪爭鬥，然而君士坦丁六世遭致雙目刺盲的命運，因其母伊琳娜主導而更顯駭人與荒謬。這不僅是一場政治鬥爭的極致暴力，更揭示當皇權為一己之私扭曲至違背親情與倫理的深淵時，帝國的制度基礎也隨之潰散。

　　君士坦丁六世的失勢早已逐步鋪陳。自他於西元 790 年親政以來，因政治經驗不足、軍事屢敗、宗教政策搖擺，導致各方不滿日益高漲。尤其當他於 792 年再度召回母親共治，試圖借重其政治能力與人脈網絡來穩定政局時，實際卻為自己的被取代埋下種子。伊琳娜不僅未真正放棄權力，反而在這次「回歸」中，有計畫地重建自身統治陣營，操控文官與宮廷勢力，並逐漸孤立其子於決策邊緣。

第八節　君士坦丁六世遭致失明處刑

　　至西元 797 年，伊琳娜的政變行動已悄然成形。她利用其對宮廷太監、內衛的完全掌控，在數日內調動多批宮廷禁軍，布署於大皇宮與布雷亞宮之間。她的政變手段與前朝軍人皇帝粗暴篡位不同，表面上仍維持「合法共治」的虛構形式，實則在政令中刪除君士坦丁之名，停止其出席一切國事活動，甚至以「身體不適」為由阻止他與外界接觸。

　　政變爆發當日，《編年史》記載，君士坦丁正在布拉赫奈宮閱讀聖經講稿，宮廷衛隊突然闖入，其近侍未及反應便遭制伏。他被綁縛雙手，押往皇宮後苑，隨即由宮廷內部的軍醫與太監執行「去皇制裁」——即刺盲雙眼。刺盲是一種古拜占庭的處刑手法，象徵「永不得復位」，由於當時觀念認為皇帝必須健全、具「神授體貌」，失明即意味著與皇權永絕。

　　關於執行當日的殘酷細節，史料描述不一，有說明他在完全無抵抗的情況下被刺盲，有說他掙扎尖叫聲傳至整個宮苑，令人心碎。無論如何，這起事件震撼了整個君士坦丁堡。許多民眾雖未公開反抗，卻以私下悼念、讚頌聖像為君士坦丁祈禱的方式表達哀悼與不滿。

　　此後，君士坦丁被流放至馬爾馬拉海中的普羅提島（Proti），幽禁於一間小修道院，不久即病逝。其死因未有官方記載，一說為失血過多感染所致，一說為宮中指示進行慢性毒殺。由於未有正式下葬典禮，民間流傳多種傳說，視其為受難者、聖像的殉道者，甚至有人稱其為「新君士坦丁殉聖王」。

第三章　皇室與信仰之爭：從君士坦丁五世到伊琳娜女皇

伊琳娜則在成功奪權後正式自稱為「羅馬人的皇帝」（Basileus ton Rhomaion），而非傳統女性使用的「皇后」（Basilissa），成為拜占庭史上第一位女性單獨稱帝者。然而，她的聲望因失明之事而急遽下滑，國內部分軍隊與西方政權均表示譴責，認為其「違天悖倫，不配為帝」。教宗更以此為由，於西元 800 年另立查理曼為「羅馬皇帝」，從此東西羅馬帝國正統性徹底分裂。

第九節　伊琳娜的獨裁與末路

西元 797 年，伊琳娜以刺盲親子之手段篡奪帝位，開創拜占庭帝國由女性單獨稱帝的歷史首例。她自稱「羅馬人的皇帝」（Basileus ton Rhomaion），而非傳統女性使用的「皇后」頭銜，此舉在當時極具顛覆性，不僅挑戰了性別角色與皇權傳統，也震撼了整個中世紀基督世界的政治秩序。

然而，這場政治實驗雖一度鞏固了伊琳娜的掌控，但也迅速暴露其統治的局限與脆弱。

首先，來自內部的權力基礎不穩。伊琳娜能夠登基成功，並非仰賴軍事實力或貴族支持，而是長年經營的宮廷文官系統與太監勢力所成。她依賴這群非軍事菁英統治國家，排擠貴族與軍人將領，導致拜占庭原本仰賴的軍事結構嚴重

第九節　伊琳娜的獨裁與末路

失衡。在她即位後不久，數個軍區發生軍官叛變，雖未形成全國叛亂，卻使地方防衛陷入瓦解。

其次，她所採取的財政與外交政策也未獲成功。為了維繫政權，她不惜提高賦稅、削減軍餉，轉而強化皇室開支與教會資助，招致民怨與軍隊不滿。在外交方面，為改善與西方的關係，她一度提出與查理曼大帝聯姻，試圖透過婚姻外交化解東西帝國的正統性之爭。然而，此一策略不僅未獲拜占庭宮廷接受，亦遭法蘭克宮廷質疑其合法性與女性身分，最終以破局收場。

同時，東方邊疆的軍事防線因她削弱將領權力與軍餉不繼而全面失守。阿拔斯王朝乘機進犯小亞細亞，劫掠邊城、焚毀軍屯，帝國損失慘重。伊琳娜為安撫軍心，恢復部分軍費，但此舉來得太晚，軍隊信心與效忠已被動搖。她派遣的將領多為政治忠誠之人，缺乏軍事能力，進一步惡化帝國的軍事防禦狀況。

政治上，伊琳娜施行高壓統治。她任用大量太監與宦官為高官，並將政敵流放、囚禁甚至處死。任何質疑其合法性的聲音都被視為「叛國」與「褻瀆神權」。她恢復並擴張宗教審查制度，使反對她的修道士與神職人員無法講道或出版著作，社會氣氛日益壓抑。

然而，她對教會的支持也並未換來永久擁護。雖然她在西元 787 年召開第二次尼西亞大公會議，正式恢復聖像崇

第三章　皇室與信仰之爭：從君士坦丁五世到伊琳娜女皇

拜，贏得部分神職與信徒好感，但其暴力奪權與政治手段，始終令教會高層對其心存疑慮。教會無法為一位弒子篡位的女皇提供堅實的神學正當性，使其政權始終處於道德爭議的邊緣。

西元 800 年，西方教宗良三世在羅馬加冕查理曼為「羅馬皇帝」，此舉不僅象徵西歐對伊琳娜政權的不承認，更從根本上剝奪了拜占庭對「羅馬正統」的唯一宣稱。伊琳娜雖表示抗議，但西方輿論普遍認為，女性無權單獨繼承羅馬皇權，其政權因此遭貶為非法過渡。

最終，西元 802 年，宮廷與軍中對伊琳娜的統治徹底失去耐性。文官出身的財政大臣尼基弗魯斯（Nikephoros）聯合軍方與部分元老院勢力，發動無血政變。伊琳娜遭廢黜，未經審訊便被流放至列斯伏斯島的一座修道院。根據史料記載，她在那裡過著孤寂貧困的餘生，不久後病逝，享年約五十餘歲。

她的死並未伴隨榮耀，而是悄然無聲。歷史評價對她褒貶不一，有人稱其為聖像崇拜的復興者，也有人譴責她為刺盲皇子的「女篡位者」。不過無可否認的是，伊琳娜挑戰了拜占庭政治的性別疆界，以一己之力開啟對女性政治角色的想像與恐懼，同時也證明了缺乏制度承認的女性權力，終究難以長久。

第十節　女皇政權的終結與陰謀覆亡

　　西元 802 年，拜占庭帝國迎來一場無聲卻劇烈的政權更替——皇后伊琳娜這位首位單獨稱帝的女皇，在未有兵變、無刀劍相向的情況下被推翻，取而代之的是財政長官尼基弗魯斯一世的即位。這場政變的悄然發生，不僅象徵女皇政權的終結，更揭露了伊琳娜失去民心、軍心與制度正統性的三重崩潰。她的覆亡，不是因為一場激烈的軍事對決，而是整個帝國機構對她的集體背棄。

　　伊琳娜在位之後，雖名義上為「皇帝」，但其權力根基始終薄弱。她依賴文官與宮廷宦官治理帝國，邊緣化軍事貴族與將領，在傳統以軍人為基礎的拜占庭政體中無異於自毀根本。她對政敵採高壓政策，屢次清洗高層官僚，並嚴控財政權，使得財政大臣尼基弗魯斯成為政變的主導者之一。尼基弗魯斯原為其親信，然而在親政無望、國家財政惡化之際，他轉而聯合軍方與元老院密謀推翻女皇。

　　西元 802 年 10 月 31 日凌晨，政變於未發一兵一卒的狀態下完成。伊琳娜被禁衛軍圍困於大皇宮，幾乎未作任何抵抗即被拘捕。她被廢黜皇位，旋即流放至列斯伏斯島的修道院，結束她二十三年來從皇后到攝政再到女皇的政治生涯。這場政變之所以成功，在於它根植於制度對伊琳娜的全面否定——她不再擁有正當性，亦未保有忠誠的軍隊或官僚。

第三章　皇室與信仰之爭：從君士坦丁五世到伊琳娜女皇

　　女皇政權的垮臺，也宣告一個政治實驗的終結。伊琳娜曾試圖將拜占庭皇權與女性統治、教會合法性與文官系統重新結合，建立一種非傳統、非軍事化的統治模型。但事實證明，拜占庭社會無法接受女性掌權的常態化，軍事與貴族體系亦無意為她提供穩定支持。她所建構的文官政體脆弱不堪，難以在危機中承擔穩定國政的責任。

　　其政治覆亡也與外交挫敗密切相關。她原擬透過與查理曼大帝聯姻，讓兩大帝國和平統一，或至少建立外交制衡，卻最終被法蘭克王朝與教宗共同否決。在西元 800 年查理曼加冕為「羅馬皇帝」後，伊琳娜政權便已陷入國際孤立狀態。東方的阿拔斯王朝亦乘虛而入，持續對拜占庭邊境施壓，使其國力進一步流失。

　　歷史上對伊琳娜政權的評價兩極。支持者認為她勇於改革、恢復聖像崇拜、維持相對和平局勢；反對者則指其專斷、酷烈與不符合性別秩序，尤其是她弒子奪權的行為被視為不可赦免的倫理敗德。她被廢黜後，並未獲得正式葬禮與追封，官方文書對其統治避而不談，彷彿刻意抹去這段歷史實驗的記憶。

　　女皇政權的覆亡也為拜占庭的「中期轉折」畫下句點。隨著尼基弗魯斯一世即位，帝國重新回到軍人與貴族主導的傳統秩序。皇權再度回到陽剛象徵、軍事功績與貴族血脈的建構模式，女性參政自此銷聲匿跡數十年之久。

第四章
動盪中的秩序重建：
從米海爾三世到巴西爾一世

第四章　動盪中的秩序重建：從米海爾三世到巴西爾一世

第一節　米海爾三世的沉溺與敗政

米海爾三世（Michael III）即位於西元 842 年，年僅兩歲，作為弗里吉亞王朝的末代皇帝，他的統治起點本就奠基於攝政體制與宮廷派系的鬥爭之上。其母塞奧多拉（Theodora）最初以皇太后之姿掌權，並於 843 年恢復聖像崇拜，為拜占庭結束近百年宗教內戰帶來曙光。然而，這段短暫穩定並未延續至米海爾成年後的統治。隨著他親政，帝國迅速陷入一場由奢靡、失能與權謀交織的政治敗局。

米海爾三世成年初期，即深陷於酒精與娛樂的沉溺。他著迷於賽馬、宴飲與宮廷戲謔，頻繁參與君士坦丁堡賽馬場的活動，甚至親自率領名為「綠隊」的競技團體參賽。這種對娛樂與權力表演的痴迷，使朝政荒廢，政令無章，許多重要的軍政任命竟以賽馬勝負為依據。君主形象逐漸從皇權象徵墮落為都市玩童，削弱皇室的尊嚴與威信。

更為致命的是，米海爾三世將權柄交託於其寵臣巴爾達斯（Bardas）與青年好友巴西爾（Basil），此二人分別代表文官與軍事新貴，共同形成朝廷權力的「雙柱制衡」。起初，巴爾達斯嘗試重整行政與教育機構，創設「馬格納圖書館」並重建學者網絡。然而，他後期亦因貪腐與親族裙帶問題而失去支持。

第一節　米海爾三世的沉溺與敗政

　　巴西爾則原為亞美尼亞出身的平民，憑藉相撲技藝與敏捷機智在宮廷中脫穎而出，深得米海爾三世寵愛，甚至將其納為皇妹丈夫。然而，這層親密關係亦掀起一場宮廷內部的激烈矛盾，巴爾達斯與巴西爾的權力角力日益激化，最終演變成宮廷刺殺與皇帝的傀儡化過程。

　　在宗教方面，米海爾三世雖未重啟聖像破壞運動，卻對教會事務缺乏關心，導致教會高層陷入權力空窗。其在位期間多次干預牧首人選，甚至任命政治背景濃厚的佛提烏（Photius）為牧首，引發與羅馬教廷的重大爭議。所謂的「光照大爭議」（Photian Schism），即源於米海爾對宗教事務的世俗化操作，進一步削弱東方教會的道德權威。

　　軍事方面，阿拔斯王朝與保加利亞的威脅持續存在，然而米海爾三世對邊境問題毫無戰略遠見。雖偶有將領自發成功防禦，但因中央資源分配混亂，導致防線斷裂與地方軍心渙散。最終使帝國進入防守與貪汙交織的惡性循環。

　　他的統治晚期，儼然淪為巴西爾操作的傀儡，朝中政策幾乎由後者全權主導。米海爾依然醉心於個人享樂與群臣阿諛，毫無自覺其政權已岌岌可危。西元 867 年，巴西爾策劃刺殺行動，在一場晚宴之後將米海爾三世暗殺於寢宮，結束這位玩世不恭的皇帝生命，也終結了弗里吉亞王朝的統治。

第四章　動盪中的秩序重建：從米海爾三世到巴西爾一世

第二節　競技場與狂歡政治

在拜占庭帝國的政治文化中，競技場向來扮演著超越娛樂的角色。君士坦丁堡的希波德羅姆（Hippodrome），不僅是賽馬與表演的場地，更是皇權象徵、群眾動員、政治表態與民意試煉的公開劇場。米海爾三世（Michael III）統治時期，正是這種「狂歡政治」最為張狂的年代。競技場不僅成為宮廷權力運作的延伸空間，更是帝國敗政與統治荒誕化的具體展現。

年少即位的米海爾三世，自小對賽馬場與馬術深感迷戀。他不僅常以觀眾身分參與比賽，甚至親自登場參與競技，以「綠隊皇帝」的形象深植民間。這種行為雖強化其與民眾的親和感，卻也逐步破壞皇權的神聖性與權威形象。根據當時史料記載，米海爾曾在比賽中因跌馬失態，引起現場一片哄笑，然而他並未收斂，反而在賽後開設「勝利宴」，大肆慶祝個人參賽而非帝國戰功。

米海爾三世時期，競技場的活動頻率與規模大幅提升，不僅每逢宗教節慶安排賽馬與雜技表演，甚至新增夜間火把賽與假面狂歡。皇帝與宮廷成員化裝參與，甚至設置滑稽「假皇帝」儀式，象徵對皇權的戲謔與娛樂性轉化。這種「表演式親政」日益取代正規的君主統治儀式，使帝國政令與公共事務淪為娛樂附屬品。

政治決策亦開始在競技場與狂歡活動中隱然進行。史料

第二節　競技場與狂歡政治

記載,某些高官任命與軍事調派,竟由皇帝於比賽間隙頒布,或依賽事結果而定。一次著名事件是米海爾三世允許綠隊首領推薦軍官,結果導致邊防將領換屆後戰力瓦解,東線遭奧瑪亞突襲失守。這種將統治權游移於狂歡政治之下的行徑,使整個拜占庭的治理邏輯出現斷裂。

更為誇張的是「假皇帝儀式」的制度化。米海爾三世將每年春節前定為「反轉節」(Feast of Fools),由民間選出一位「假皇帝」登基於競技場高座,接受群眾朝拜並下「戲謔詔令」。這一儀式原意為自嘲與放鬆民心,但隨時間推移,逐漸演變為一種合法化的權威否定模式,甚至成為民間對皇帝失政的集體戲謔出口。

競技場亦為派系政治與宗教鬥爭的場域。支持聖像派與破壞派的群眾常藉賽事聚集進行示威與肢體衝突,皇帝卻未積極介入,反而默許其作為宣洩民意的管道。甚至有一次,牧首人選的爭議被綠隊與藍隊轉化為現場鬥毆,導致數十人受傷。皇帝事後竟大笑稱:「神會從勝者中選出主教。」顯示他將宗教神聖權柄視為競技場結果的延伸。

在這樣的氛圍下,群眾逐漸將皇帝視為「最高娛樂者」,而非神授君主。政令不再嚴肅執行,而是經由表演化、戲謔化進行;政策的價值也非建基於治國理想,而是來自狂歡效果與觀眾迴響。拜占庭政治於此階段進入一種集體沉醉與治理空洞的危機之中。

第四章　動盪中的秩序重建：從米海爾三世到巴西爾一世

第三節　宗教荒唐與公信力崩潰

米海爾三世（Michael III）統治後期，拜占庭帝國不僅在軍事與財政上陷入危機，其宗教制度與精神信仰體系亦逐步崩潰。這一時期的宗教政策與教會運作，在表面和平之下潛藏深層的混亂與失序，終至導致帝國政教體制的全面信任瓦解，成為政權更迭與正統性重塑的催化劑。

米海爾三世本人對宗教事務缺乏虔誠與尊重。他年少繼位時，由母后塞奧多拉主導政教事務，並於843年召開會議，正式恢復聖像崇拜，結束數十年的神學紛爭。這一舉措當時被視為帝國信仰重建的里程碑，亦為塞奧多拉攝政時期贏得民心。然而，隨著米海爾親政，其個人對宗教的態度轉為輕率與玩世不恭。

米海爾三世對牧首人選的干預為最具爭議之舉。他罷黜支持塞奧多拉的正統派牧首伊格納修斯（Ignatios），改由其親信佛提烏（Photius）接任。問題在於，佛提烏原為文士與歷史學者，雖學識淵博，卻未曾接受神職訓練。其被破格晉升為主教、繼而升任牧首，未符教會禮序與神職資格，引發教內譁然。

伊格納修斯之被廢與佛提烏之任命，進一步演變為拜占庭與羅馬教宗之間的外交危機。教宗尼古拉一世（Pope Nicholas I）拒絕承認佛提烏的合法性，並召開教會會議對其加以譴責。拜占庭方面則回以強硬立場，導致東西教會在神學與主

第三節　宗教荒唐與公信力崩潰

權問題上裂痕加深，史稱「光照大爭議」（Photian Schism）。

　　宗教信仰在民間亦開始失去權威性。由於皇帝對教會多次干預與操縱，神職人員的形象逐漸由道德楷模轉為權力附庸。許多主教被指控受賄、涉入政治派系鬥爭，修道院被視為政治避風港而非清修場所。民眾對教會的信任日益動搖，信仰生活轉向私密化、分散化，地方性宗教儀式與巫術信仰再度流行，象徵正統神學無法提供穩定社會秩序的能力。

　　此外，宮廷本身對宗教的戲謔態度也進一步削弱信仰公信力。米海爾三世多次在宴會中模仿主教誦經、嘲諷聖人傳記，甚至令小丑披戴主教袍在宮廷表演「模擬聖餐」。這類舉動雖博得一時歡笑，卻對教會權威構成毀滅性打擊。史家指出，「當皇帝視聖事為戲劇，帝國也將迎來無神的衰敗」。

　　宗教制度的空洞化使帝國難以整合多元社群。過往聖像爭議尚能匯聚群眾信仰力量，而米海爾三世時期則因政策與信仰失聯，使教會無法再作為社會整合的核心。宗教從統治工具變為娛樂道具，從公共信仰變為個人私事，其制度性影響力大幅滑落。

　　教會內部的分裂與牧首權威的削弱，亦讓地方教區開始脫離中央控制。部分遠地主教拒絕聽命君士坦丁堡牧首，轉而與羅馬或亞美尼亞教會建立連繫，導致帝國宗教體系碎片化。尤其在巴爾幹與小亞細亞西部地區，異端思想趁勢蔓延，對正統信仰構成實質挑戰。

第四章　動盪中的秩序重建：從米海爾三世到巴西爾一世

第四節　巴西爾的宮廷崛起

巴西爾一世（Basil I）是拜占庭歷史上一位極具傳奇色彩的皇帝，他的崛起之路不僅打破傳統血統與貴族出身的限制，更顯示宮廷政治在中期拜占庭皇權轉型中的關鍵角色。從奴僕之身到皇帝寶座，巴西爾的崛起深刻展現權力網絡、個人魅力與暴力機制交織的動態過程。

關於巴西爾的出身，史料存在諸多版本。一般認為他出身於馬其頓地區的亞美尼亞裔農民家庭，自幼家貧，青年時期因戰亂與饑荒淪為奴僕。他以體格健壯與馬術高超著稱，於一次宮廷競技活動中被宮廷權貴注意，最終獲得米海爾三世青睞，進入皇宮擔任貼身侍從。

巴西爾在宮廷中的迅速晉升，部分源自其對皇帝的極度忠誠與察言觀色的政治敏感。他懂得在狂歡與沉溺的宮廷文化中以「冷靜忠僕」形象取信皇帝，並漸漸成為米海爾的密友與賽馬夥伴。此階段的他，並未積極介入政務，卻透過協助管理皇帝私人財產與宮廷安全，累積極高的實際影響力。

為鞏固與皇室的連繫，巴西爾娶了皇妹歐多基婭（Eudokia Ingerina），進一步進入皇族圈層。雖有史料指出該婚姻實為掩護皇帝與歐多基婭的私情，但從政治角度觀察，巴西爾憑此婚姻關係得以合法進入皇族核心，獲授「高級侍衛長」

第四節　巴西爾的宮廷崛起

(parakoimomenos)頭銜，掌控禁衛軍，具備軍事資源與宮廷部署能力。

與此同時，巴西爾亦逐漸與文官派與部分反感米海爾荒政的貴族結盟。他展現對法令與稅制的理解，公開主張應「整頓秩序、重整軍政」，贏得部分知識分子與地方官支持。他以低調務實的風格，在宮廷內塑造與米海爾三世截然不同的形象，成為「隱性替代者」的象徵。

最關鍵的轉捩點來自於對巴爾達斯（Bardas）的處理。巴爾達斯作為當時朝政實際掌權者，對巴西爾日益壯大的影響力感到威脅，企圖削其兵權。巴西爾先發制人，獲得米海爾三世默許後，於一次慶典前夕刺殺巴爾達斯，奪取宰相之位。此舉雖具暴力色彩，卻被包裝為「清除貪腐、保衛皇帝」之義舉，進一步提高其政治正當性。

此後，巴西爾全面接管政務，幾乎取代米海爾三世實際統治地位。他擴張軍權、整肅財政、恢復對邊疆的基本管控，贏得部分軍政菁英支持。他亦開始塑造自身為「新道德政治」象徵，強調紀律與勤政，並在宗教事務上展現更大尊重，恢復部分主教職權與修道院特權。

米海爾三世雖對其愈加倚賴，卻也日漸感受到自身權威被削。然其沉溺於娛樂與飲酒，無力翻轉局勢。最終於西元867年，巴西爾發動政變，將米海爾三世刺殺於宮中，結束弗里吉亞王朝，開啟馬其頓王朝的序幕。

■第四章　動盪中的秩序重建：從米海爾三世到巴西爾一世

第五節　皇權的血腥奪取

　　巴西爾一世（Basil I）從宮廷中一位近身侍衛，蛻變為掌控軍政實權的宰相，最終完成對米海爾三世的致命政變，象徵著拜占庭帝國政權自弗里吉亞王朝向馬其頓王朝的劇烈轉移。這場皇權更替，並非透過正統繼承或制度過渡，而是以冷酷謀略與血腥行動實現，展現了拜占庭政治在中世紀後期的權力結構劇烈鬆動與宮廷暴力常態化的深層現實。

　　米海爾三世於位期間逐漸喪失對朝政的掌控，特別是在刺殺巴爾達斯（Bardas）後，他將軍政與財政幾乎全權交予巴西爾主導。表面上，這似乎是皇帝對忠臣的信任，實則是無力掌政的象徵。巴西爾掌握禁衛軍、控制財政要務，更與教會與文官集團培養穩固合作關係，實質上已成帝國新任「影子皇帝」。

　　西元866年，米海爾三世將巴西爾提升為共治皇帝（co-emperor），此舉雖似恩寵，實則在多方壓力下的被動妥協。一方面，是為穩定軍心與回應對巴西爾統治實績的肯定；另一方面，亦因巴西爾已透過皇妹婚姻、軍方擁護與行政壟斷，迫使米海爾接受其「準皇帝」地位。然這種共治模式，並未化解潛藏於兩人之間的權力張力，反而加速最終決裂的到來。

　　米海爾三世意圖奪回主導，曾暗中聯繫部分軍官與貴族，希望削弱巴西爾權力。此舉未能成功，反而引起巴西爾

第五節　皇權的血腥奪取

警覺。史料記載，米海爾曾於一次酒宴上公開戲謔巴西爾的農奴出身，並暗示將其降職，引爆巴西爾的不安與憤怒。巴西爾開始積極部署政變，並取得禁衛軍將領與宮廷太監的支持，準備終結這段「名存實亡」的皇帝共治關係。

西元867年9月23日夜間，政變悄然展開。根據《編年史》記載，當晚米海爾於皇宮內與親信飲酒作樂，毫無警覺之意。巴西爾派遣禁衛軍突襲皇帝寢宮，迅速制伏宮廷護衛，將米海爾三世刺殺於床榻之上，終結其25年的統治生涯。事後屍體被祕密處理，並迅速由巴西爾發表詔書，宣布「皇帝於醉後猝逝」，由共治皇帝單獨繼位。

政變的迅捷與宮廷的沉默顯示，米海爾三世早已被孤立於政治核心之外。貴族、教會與軍隊皆選擇默許這場權力清洗，以求政局穩定與重建秩序。巴西爾一登基，旋即展開正當化工程，宣稱自己為「神意選擇之君主」，並強調其對宗教與法治的尊重。牧首佛提烏亦為其登基進行祝聖儀式，教會藉此與新皇建立良性關係，恢復自身在朝政中的角色。

巴西爾也積極追塑米海爾之死為必要之舉，宣稱其行為是為「止暴政、救帝國」。他命人銷毀或重寫米海爾三世晚期的政令與詔書，試圖從史料上抹去其愚政與醜聞，將政變行動塑造成恢復治理理性與國家尊嚴的歷史轉捩點。這類政治話語，為其王朝奠定統治合法性，也顯示拜占庭政權過渡時期權力話語的高度操控性。

■ 第四章　動盪中的秩序重建：從米海爾三世到巴西爾一世

第六節　新王朝的建構與治理模式

　　巴西爾一世（Basil I）成功奪取皇權後，隨即面臨一項艱鉅任務——如何將一場血腥政變轉化為穩固的新王朝體系。作為馬其頓王朝的奠基者，巴西爾不僅需面對合法性辯證與政權穩定問題，亦需在制度上進行調整與重構，以重建皇權形象與國政秩序。他的治理策略融合宗教正統、法制強化與宮廷整肅，開啟拜占庭皇權由個人專斷轉向制度治理的轉捩點。

　　首先是正統性問題的解決。由於其奪位手段充滿暴力與謀殺色彩，巴西爾深知自己必須建立一套「神意與民意」雙重認可的統治敘事。他大力宣揚自己為「選自人民、蒙神指引」之君主，並利用宗教儀式與教會支持來鞏固合法性。牧首佛提烏（Photius）為其主持加冕典禮，並撰寫讚美詩與神學詮釋，賦予其統治「神授」性質，化解民間對刺殺米海爾三世的疑慮。

　　在此基礎上，巴西爾積極重塑皇權象徵。他修繕君士坦丁堡皇宮，恢復盛大閱兵與宗教巡禮，強化皇帝作為「帝國與信仰之守護者」的形象。並下令重新書寫帝國編年史，將自身出身描繪為「出於平民、奉公為民」的道德典範，建立一套「德政興國」的政治敘事。

　　在行政制度方面，巴西爾一世推動文官體系的穩定與整合。他將原先由貴族世襲壟斷的官職制度改革為「考核制」，

第六節　新王朝的建構與治理模式

設立常態化的官吏晉升機制與財政審核程序。為防止宮廷腐敗，他削弱太監勢力，將大批宦官逐出要職，改由受過法政訓練的文士接任高位，開啟拜占庭中期「文官政治」的成形期。

巴西爾亦積極整頓法律體系。他指示法學者編撰新法典，以更新過時條文並整合過去各代皇帝的敕令。此舉成為日後《巴西利卡法典》誕生的契機，該法典不僅為帝國提供一套有系統的法治依據，也對後來東正教世界的法律傳統產生深遠影響。

在軍事方面，巴西爾著手重建禁衛軍與主力邊防部隊。他提升士兵待遇、強化軍紀、整編軍區制度，使東部邊防重獲穩定。其對阿拔斯王朝邊境的反擊雖未全面勝利，但成功鞏固多數要塞，展現皇權「保疆衛國」的能力，也為其軍事領導正當性加分。

此外，為鞏固權力基礎，巴西爾大力經營宮廷親信圈與皇室家族。他安排子嗣與東方貴族通婚，藉由政治聯姻打通地區性支持。他亦培養長子利奧（後來的利奧六世），安排其接受神學與法政雙重訓練，作為王朝未來的治理者。

宗教政策方面，巴西爾轉為尊重教會自主性，恢復部分修道院財產與主教人事權，並與東正教神學家合作，修正先前米海爾三世時期導致分裂的宗教措施。他並未激進改革宗教儀式，而是以皇權護教者自居，主張「教會為心、帝國為身」的雙重秩序協作模式。

第四章　動盪中的秩序重建：從米海爾三世到巴西爾一世

經濟政策上，巴西爾推行重整稅制與抑制通膨。他限制宮廷開銷，打擊貪汙買官行為，並恢復農業屯田制度。此舉使財政漸趨穩定，並為軍隊與民生提供基本保障，改善民間對政權的觀感。

第七節　宮廷改革與民生治理

巴西爾一世（Basil I）奪位後，在鞏固皇權與制度建設之外，極為重視宮廷紀律與基層民生的治理。此一政策轉向，不僅為馬其頓王朝贏得民間信賴，也使皇權不再只是高位象徵，而逐步化為實質行政運作與公共福祉的推動力量。此節將分析巴西爾在宮廷內部實施的改革措施，以及其如何以實用主義的手段介入民生經濟，改變拜占庭社會的政治文化與行政模式。

首先，在宮廷制度方面，巴西爾大力整肅宮內風紀。他針對前朝盛行的太監政治與近侍專政進行大規模清洗，解除大批太監與宮內侍從之職權，改以法律出身之文官擔任祕書與財政職位。此舉不僅改變宮廷權力流動機制，也使政令能更有效貫徹至基層官署。

他更進一步重建宮廷人事制度，訂定任用與升遷準則，強調考核制度與廉政紀錄。巴西爾設立「祕書長廳」（Logo-

第七節　宮廷改革與民生治理

thetes tou dromou）為中樞行政協調單位，提升政令通報效率。朝會制度被恢復，皇帝定期聽取宰相與各部首長報告，並設置書記員記錄、彙整議決，這些改革顯示拜占庭皇權正邁向制度官僚化的新階段。

巴西爾也對朝廷儀典與宮廷開支進行規範。他取消多項奢華慶典與冗贅朝會，限制皇族宴飲與財政耗損，並嚴查貴族濫用皇室資源。這些節制不僅樹立皇帝勤儉親民形象，更釋放大量財政空間投入農業與基礎建設。

在民生治理方面，巴西爾重視基層農民與屯田制度的恢復。他重新丈量農地，查處非法兼併與貴族圈地，鼓勵自耕農返田，並推動「屯田兵制」的改革，使農兵能得地自耕，同時擔任邊防軍士。這項政策穩定了農村勞動力，也提升邊防戰力，是其政績中最具長遠影響者之一。

稅制方面，他簡化徵稅結構，廢除前朝部分臨時戰時徵稅，並強化地方稅吏監察體系，設立「財政糾察使」巡查徵收與官員廉潔。對於無地農民與戰後災民，巴西爾則推行稅賦寬減與土地分配計畫，在小亞細亞與色雷斯地區設立重建屯田區，吸引流民回歸定居。

此外，巴西爾對城市基礎設施亦有所投入。他下令修繕水道與公共澡堂，重建因戰火毀損之市集與倉儲，特別是在君士坦丁堡周邊加強穀倉與糧倉建設，確保糧食儲備穩定。

■第四章　動盪中的秩序重建：從米海爾三世到巴西爾一世

他也重整城市消防與治安單位，使都城管理進一步制度化。

教育與公益方面，他恢復並擴建「瑪格納夫拉宮」（Magnaura），聘請哲學、文法與法學名師授課，吸引貴族與中產階層子弟入學，培養新一代文官人才。並在多處城鎮設立診所與施粥所，由修道院與教會管理，提供貧戶基本醫療與糧食支援。

這一系列改革，讓拜占庭社會自米海爾三世荒政之後逐漸恢復秩序與信任。民間對皇室形象的觀感轉為正面，並出現「巴西爾之治」的讚譽風潮。其統治初期所推動的制度化、實務化治理模式，為馬其頓王朝後續穩定發展提供堅實基礎。

第八節　宮廷婚姻與政治聯姻策略

巴西爾一世（Basil I）在鞏固政權與制度建設的過程中，深諳「婚姻即政治」的拜占庭傳統。他巧妙運用婚姻制度作為整合地方勢力、收編貴族菁英、保障皇室正統性的重要工具。宮廷婚姻在其統治中，不僅扮演家庭延續的角色，更成為權力網絡擴張與治理工具制度化的一環。

首先，巴西爾對自身皇室正統性的塑造，與婚姻安排息息相關。由於其本非皇族出身，其統治初期備受正統性質疑。他與歐多基婭（Eudokia Ingerina）的婚姻成為一場政治戲

第八節　宮廷婚姻與政治聯姻策略

碼：歐多基婭原為米海爾三世的愛妾，與巴西爾的結合既是王朝交替的象徵，也暗示著過渡政權的合法承繼。此婚姻不僅止於連繫皇族與前朝，更讓巴西爾得以在宮廷中建立一套「新血統—舊連結」並存的政治敘事。

這段婚姻的子嗣，尤以利奧 (Leo) 為代表，更成為下一代皇位接班的合法憑藉。儘管外界始終流傳利奧實為米海爾三世之子，但巴西爾巧妙安排利奧接受正統教育、擔任共同皇帝，並進行多項公開典禮加持，強化其「馬其頓正統」身分。這種以婚姻子嗣為政權穩固媒介的策略，反映出巴西爾深具皇權操作的遠見。

在對外聯姻方面，巴西爾亦展現積極策略。他刻意安排皇子、公主與東方貴族、軍事將領之子女締結婚盟，以此鞏固軍區忠誠度。與卡帕多奇亞、色雷斯、亞美尼亞等地的軍人世家建立姻親關係，不僅使其在邊防地區獲得穩定支持，也有效壓制地方割據勢力。這些聯姻安排多附帶地契與軍餉優待，展現皇帝以實利交換忠誠的政治智慧。

此外，他亦透過宮廷婚姻整合文官與宗教菁英。例如讓女皇族與高級書記、牧首家族聯姻，不僅強化宮廷人事穩定，也使政策執行與教會支持更為順利。這些安排，使巴西爾政權不僅建立在軍力與法治之上，也落實於一層層交織的家庭網絡之中，形成跨層次、跨機關的穩定結構。

■第四章　動盪中的秩序重建：從米海爾三世到巴西爾一世

　　宮廷內部對婚姻的監管與管理也逐步制度化。巴西爾設立婚姻檔案廳，由專責官員審查皇室婚配對象的出身、政治風險與教會合規性，避免婚姻聯盟成為未經審查的政變平臺。此制度後來成為拜占庭朝廷常設慣例，顯示巴西爾的聯姻策略已非臨時性權宜，而是作為統治長期工具之一而制度化。

　　值得注意的是，巴西爾對外國聯姻較為保守，並未如查士丁尼或其後皇帝般頻繁與西歐或伊斯蘭勢力通婚。這反映其傾向鞏固內部穩定優先的戰略視野。他認為，與本國軍政貴族綁定關係遠比冒險引進異文化更有益於權力穩定。

　　總結而言，巴西爾一世的宮廷婚姻策略不僅為個人家族帶來榮耀與地位，更構成拜占庭政治治理的一環。他透過聯姻整合社會資源，藉由婚配建立跨地區政治網絡，並藉皇子血統塑造王朝正統性。這種對婚姻制度的精密操作，使皇權在血統、法律與社會基礎上達成三重鞏固，也讓馬其頓王朝得以在政治連續性與穩定性上超越前代。

第九節　巴西爾的遺產與後代部署

　　巴西爾一世（Basil I）的統治並不僅止於當代的制度重整與秩序恢復，更重要的是，他成功為馬其頓王朝鋪設長遠的政治穩定基礎，將皇權的合法性、宮廷體制與宗教秩序

第九節　巴西爾的遺產與後代部署

一一編入皇室傳承體系之中。透過有計畫的遺產規劃與後代培育，巴西爾試圖打造一套延續性政權，而非短暫的篡位王朝。他的努力，為日後拜占庭帝國的「馬其頓文藝復興」埋下伏筆。

首先，巴西爾深知自身出身與登基方式缺乏正統性，因此極力強化其子嗣的皇室形象與培育制度。他對長子利奧（後來的利奧六世）投注大量資源，安排其接受最嚴謹的古典教育與神學訓練。利奧自幼即由教會學者與宮廷法官聯合授課，兼習文學、法典、軍政與哲學，使其具備承繼帝國的政治素養與治理理念。

然而，利奧的血統問題一直是宮廷內外的敏感話題。部分史家與政敵質疑其實為米海爾三世之子，這種質疑甚至在巴西爾生前便屢遭流傳。為澄清皇室正統性，巴西爾於多個公開儀式中宣示利奧為其合法繼承人，並冊封為共治皇帝，讓其實際參與國政決策，從儀式與制度兩方面同時奠定其接班地位。

在政策延續上，巴西爾特別著重法治與宗教制度的鞏固。他積極推動《巴西利卡法典》的編纂工程，該法典總結並改寫自查士丁尼《民法大全》，以希臘語重新編排，使其更貼近當代社會與行政需求。此法典的推行不僅是行政現代化的里程碑，更是王朝留下制度性治理遺產的核心。

第四章　動盪中的秩序重建：從米海爾三世到巴西爾一世

在宗教方面，他與牧首佛提烏（Photius）保持良好關係，合作重建教會制度與修道院網絡，並將其納入皇室贊助範圍。這一政策不僅穩定神職階層，亦為王朝提供道德與神學上的支撐。透過教會與王權聯手護持信仰秩序，巴西爾為其子孫營造宗教正統性基礎。

軍事方面，他重整屯田兵制度與東線防禦，留下可持續運作的軍政機制。這些制度不僅能支應短期防禦，也為下一代提供可操作的國防資源與指揮結構。巴西爾以實務導向治理取代依賴強人領袖的傳統，象徵拜占庭軍政制度邁向機構化與職能化的轉型。

在文化層面，巴西爾支持文學與學術事業復興，開啟後世稱之為「馬其頓文藝復興」的早期階段。他重整國內圖書館、擴建學院、資助史書與地誌編撰，並鼓勵古典文學重譯與流通。這些文化工程為其後的利奧六世與君士坦丁七世留下豐厚資產，促使拜占庭進入學術與藝術復甦的黃金期。

然而，巴西爾的後代部署並非無爭議。除長子利奧外，他亦有其他子嗣與姻親，部分因繼承排序或權勢分配問題而與利奧派系產生裂痕。雖無重大內戰，但宮廷政治在其去世後再現派系分化，顯示其遺產雖具制度穩定性，卻難免在情感與權力層面留有隱患。

西元 886 年，巴西爾因一場意外墜馬事故傷重不治，結束長達近二十年的統治。他的身後政治雖未如他期望般絕對

穩固，卻在大方向上維持了制度與王朝的延續。利奧六世順利繼位，並繼承其父之治理藍圖，進一步拓展法律、文化與軍政改革。

第十節　一位奴僕締造的政權新局

從一名亞美尼亞出身的奴僕，到君臨拜占庭的皇帝，巴西爾一世（Basil I）的崛起與治理，不僅改寫個人命運，也深刻改造整個拜占庭的政治秩序。他的經歷成為東羅馬史上極罕見的「非貴族統治者轉型典範」，更為皇權的社會想像與制度基礎注入全新活力。

巴西爾的傳奇開始於邊陲與勞動。據《編年史》記載，他自幼貧困，隨家族遷徙至色雷斯，曾為地主牧馬，也曾淪為戰俘。正是在這樣極端邊緣的處境中，他培養了對人性、權力與機會的高度敏感。與傳統皇族出身者相比，巴西爾更能理解庶民心理與社會底層的運作邏輯，這成為他未來掌權後施政方針的重要心理基礎。

他的宮廷進入歷程並非源於血統或貴族推薦，而是來自力與技之表現。他在一次馬術競技中展現超凡體能與機敏，被米海爾三世引薦入宮，從貼身侍從逐步晉升為禁衛軍統領。這段經歷顯示出拜占庭宮廷的權力運作雖有門第偏見，

第四章　動盪中的秩序重建：從米海爾三世到巴西爾一世

但在特定時期亦允許社會流動的空間。巴西爾正是這一空隙中的得利者。

在掌權後，巴西爾並未如傳統庶民帝王般陷入報復與貪圖，而是選擇以制度建立長期穩定。他清除太監干政、改革文官制度、建立官職考核制度，並重整財政稅制，使政府更有效率。他注重實效與紀律，摒棄前朝的娛樂政治與庸官文化，致力恢復皇權的行政效能與象徵權威。

在對教會與文化的政策上，他展現出不容忽視的文化自覺。他並未挾帶庶民出身的敵意而壓制宗教，反而選擇與牧首合作，共同推動教會制度正規化與修道院再造。這一策略不僅為政權提供道德背書，也讓教會成為帝國意識的共構者。

而文化上的振興，尤其在法律、文學與古典學術的復興方面，象徵著拜占庭由過去的內亂陰影逐步邁向思想重建。巴西爾開啟了「馬其頓文藝復興」的曙光時期，讓整個帝國進入文化與治理並進的黃金起點。

最值得重視的，是他對皇權形象的重構。在巴西爾之前，皇權多建立在血統、神權或軍事威望之上；而他則透過制度實績、文化正當性與庶民連繫，重新定義皇帝的合法性。這種皇權的再定義，為後來諸皇提供更彈性的正統建構模式，使帝國在多次政變與改朝換代中仍能保持政體的延續性與穩定性。

第十節　一位奴僕締造的政權新局

　　當巴西爾於886年過世時，帝國並未陷入動盪，其子利奧六世順利繼位，並以《法典》與《論戰術》傳世，延續父皇之治。這種政治轉移的平穩性，本身即是巴西爾最大政績之一。馬其頓王朝不僅延續超過一世紀，更成為拜占庭最穩定、文化最繁盛的統治時期之一，其開創者巴西爾亦因此獲得「新君士坦丁」之讚譽。

第四章　動盪中的秩序重建：從米海爾三世到巴西爾一世

第五章
學問與權力的交錯：
馬其頓王朝的文化與政治遺產

■第五章　學問與權力的交錯：馬其頓王朝的文化與政治遺產

第一節　利奧六世的哲學王美名

利奧六世（Leo VI），又被後世尊稱為「哲學家皇帝」，是馬其頓王朝第二位統治者，自西元886年即位以來，其統治歷經四十餘年，在政治、法律、文化與宗教各層面皆留下深刻印記。他的治理風格兼具思辨性與制度性，在拜占庭史上塑造出一種少見的「學者皇帝」形象。

利奧的知識涵養與語言才華在即位之前即已廣受讚譽。他不僅熟稔古典希臘文學，亦擅長拉丁語、法律條文與神學辯證。他的私人圖書館藏書豐富，包含大量亞里斯多德、柏拉圖與早期教父文集。他以哲學訓練與法理思維面對政務決策，與先前多倚賴軍功或宮廷血統統治者迥異。

在法律體系方面，利奧六世最偉大的政績即為完成《巴西利卡法典》的編纂與頒布。該法典在其父巴西爾一世原始編纂基礎上，整合並更新拜占庭長期累積的羅馬法資產，重新以希臘語條文化呈現，使法律適用性更為廣泛，亦為後世東正教世界奠定法學根基。此舉展現出利奧對制度化治理與公正行政的重視，也反映出哲學王統治中的理性主義取向。

除了法制建設，利奧亦著有多部作品，如《講道集》(*Homilies*)、《論戰術》(*Tactica*) 與《訓誡錄》(*Book of the Eparch*) 等，涵蓋宗教、軍事與經濟領域。他特別重視皇室教

育與官僚訓練，主張「帝王之道不僅靠劍，更需靠理」。這種融合理性與權威的政治形象，為其贏得拜占庭士大夫階層的尊重，也使他成為文人政權的範例。

然而，利奧的哲學王形象並非毫無瑕疵。他在宗教政策上多次與教會發生衝突，尤其在婚姻問題上引發嚴重爭議。他先後娶四位皇后，其中第四位佐伊·卡波諾普西娜（Zoe Carbonopsina）為生下繼承人而強行迎娶，觸怒教會，導致與牧首尼古拉一世產生嚴重對立，後者甚至拒絕為皇子施洗。這場風波揭露出利奧在實踐哲學治理時，亦無法完全擺脫皇室繼承與政治現實的壓力。

儘管如此，利奧六世的文治實績仍成為後世對他高度評價的核心。他成功使馬其頓王朝邁入制度穩定與文化繁榮的階段，並為其子君士坦丁七世留下良好學術與治理傳統。君士坦丁七世後來延續其父政策，強化文學與歷史書寫，完成多部帝國歷史文獻，也進一步確立馬其頓王朝作為「文治中興」代名詞的歷史地位。

第二節　宮廷與教會之間的摩擦

利奧六世的統治時期，儘管在文化與法治上開創文治新局，卻也因宗教政策與個人婚姻問題而與教會產生劇烈摩

第五章　學問與權力的交錯：馬其頓王朝的文化與政治遺產

擦，突顯出拜占庭帝國內部皇權與教權長期並存卻不斷拉鋸的緊張關係。

最具爭議的事件即為「第四婚風波」。拜占庭教會自古以來視三次婚姻為上限，四婚則被視為不合教規、褻瀆聖禮。然而，由於利奧六世前三任皇后皆未能誕下男嗣，他為延續皇統，不得不迎娶佐伊・卡波諾普西娜為第四任皇后。此舉不僅違反教會規範，更直接觸怒了當時的牧首尼古拉一世（Nicholas I Mystikos）。

尼古拉一世堅決反對利奧的第四婚，並拒絕為其子君士坦丁施洗，甚至公開宣布皇帝已墮入「淫亂與褻聖」的罪中。這場公開對抗一度將皇權與教會置於決裂邊緣，引發宮廷內部與神職圈層的極大動盪。利奧被迫暫時讓步，將佐伊從皇后冊封中除名，並暫緩兒子的公開儀式。

然而，利奧並未長久忍讓。為保障子嗣合法性與皇權穩定，他迅速罷黜尼古拉，改任教義較為寬容的尤菲米烏斯（Euthymius）為牧首。尤菲米烏斯隨後為君士坦丁施洗，並協助皇帝修補皇室與教會的名義裂痕。這一人事更替實質削弱教會自主性，使牧首職位更趨向皇帝任命權的延伸。

但此舉亦非毫無代價。教會高層對尤菲米烏斯的正統性產生質疑，進一步激發神學爭論與宗教圈分裂。部分修道院公開抗議宮廷干涉宗教事務，部分主教則拒絕與新任牧首共

第二節　宮廷與教會之間的摩擦

祭，造成教內分歧。甚至有反對者撰文批判皇帝為「披著哲學外衣的無神者」。

除婚姻爭議外，利奧六世對聖禮與禮拜儀式之干預亦引發教會不滿。他推行禮拜語言簡化、典禮縮時等措施，希望提升信徒參與度，但此舉被守舊派視為「皇帝干政神事」，違反教義自主原則。他亦嘗試規範修道院財產與人事任命權，使教會資源與人事逐漸納入國家治理體系，進一步引起神職階層反彈。

從這些爭議可見，利奧六世試圖建立一個由皇權主導、教會配合的「協同治理模式」，卻在實踐中多次踩踏教會自主底線。這種「哲學王」型統治者在推動理性改革之餘，忽略宗教情感與制度傳統之韌性，最終導致皇權與教會的雙向消耗。

利奧六世後期雖成功維繫統治穩定，卻在宗教事務上的干預留下深刻裂痕。後來君士坦丁七世繼位後，便致力於修補這些關係，恢復牧首權威，重申教會自主，反映出馬其頓王朝皇室對於宗教與政治關係的再調整需求。

■第五章　學問與權力的交錯：馬其頓王朝的文化與政治遺產

第三節　法律編纂與宗教立法

在拜占庭帝國的歷史長河中，利奧六世的統治以其龐大的法律工程與宗教法制調整留下深遠影響。他不僅延續父親巴西爾一世的立法計畫，更以哲學王之姿，試圖透過制度的重新建構來界定皇權與信仰、俗世與神權之間的權力疆界。

最具代表性的法典成果，莫過於《巴西利卡法典》。該法典原由巴西爾一世發起，企圖將查士丁尼時代以拉丁文頒行的《民法大全》重新編譯為通行的希臘語，並簡化內容以利行政實用。利奧六世繼位後親自監督完成這部龐大的法律工程，使其達到六十卷、涵蓋私法、刑法、訴訟程序乃至行政規範的完整體系。《巴西利卡法典》成為東羅馬帝國直至其末期的主要法律依據，也為後來東正教地區的法律傳統奠定基礎。

法典編纂的過程中，利奧不僅整合羅馬法的世俗原則，亦積極納入基督教教義與宗教實踐。他頒布《法律》，針對婚姻、繼承、教會財產與修道院規制提出具體法條，試圖使宗教秩序與法律體系融合為一。

其中最具代表性的法令，是關於婚姻制度的條文化。利奧對婚姻次數、結婚年齡與合法程序進行細緻規範，並賦予教會在婚姻裁決中的具體角色。他要求所有婚姻必須經由主教認證，否則視為非法聯姻。此一措施既鞏固教會對婚姻神聖性的定義，也使國家得以透過教會機構掌握人口、財產與繼承事務。

然而，在宗教立法方面，利奧亦展示出控制傾向。他對異端與異教的打壓延續前朝政策，明令禁止巫術儀式、猶太教公開聚會，並對未受洗的異族居民進行限制性規範。儘管此舉表面維護信仰純潔，實則進一步強化皇權對宗教空間的主導權，令教會在其法律體系中逐漸淪為行政附屬。

利奧亦積極規範修道院與主教財政。他下令所有修道院須向皇室申報財產與土地來源，並設立巡察官制度審核修道團體開支與募捐行為。雖以防止濫用信仰為名，卻實質收編教會財政自主權，進一步將宗教機構納入帝國治理架構。

值得注意的是，利奧所建構的法律體系，不僅是工具性的治理手段，更反映其對帝國文明秩序的理性信仰。他認為「法律乃帝國之骨」，主張帝王應具法學素養，並能親自撰修與詮釋律令。他親自講授法律於皇宮學院，並鼓勵宮廷子弟習法，開啟拜占庭政治與法律日益結合的先聲。

第四節　君士坦丁七世的學術志業

君士坦丁七世（Constantine VII Porphyrogennetos）是拜占庭帝國歷史上最具文人色彩的皇帝之一。他雖名義上自913年即為皇帝，但實際掌權則始於945年，直到959年為止。其統治期間，雖面對政局波動與外患交擾，卻在文化政策與

第五章　學問與權力的交錯：馬其頓王朝的文化與政治遺產

史學建構方面展現出深厚學養與遠見，被後人譽為「紫室皇帝中的史家之王」。

君士坦丁自幼即接受嚴格的古典教育，尤其對歷史學、地理學與政治理論有著濃厚興趣。他的學術志業不僅展現於私人閱讀與思索，更實際參與編纂與出版大量史書與政務手冊，使拜占庭史學與行政理論在十世紀中葉達到空前水準。

其最為人稱道的著作即為《帝國行政論》(*De Administrando Imperio*)。該書原為君士坦丁撰寫給兒子羅曼努斯二世的統治指南，內容涵蓋帝國內政管理、外邦民族地理、外交策略與皇族歷史，是中世紀最具價值的政治地理手冊之一。君士坦丁在書中強調「皇帝不應只仰賴將軍與神職，而須知地理、通語言、懂民情」，充分展現其文化皇權的治理哲學。

另一部巨著《帝國禮儀論》(*De Ceremoniis*)則系統記載宮廷儀式、宗教典禮與國內重大慶典流程。這部文獻對研究拜占庭宮廷文化、宗教實踐與統治象徵極具價值。君士坦丁藉此作品強化皇權的神聖性與儀式邏輯，使君主地位更深植於宗教與歷史傳統之中。

此外，《主題區論》(*De Thematibus*)則彙整帝國各軍政主題區的歷史沿革、地理分布與行政結構，為後世研究拜占庭軍區制度提供第一手資料。此書不僅具有地誌性質，更可視為一部帝國統治記憶的空間編碼工程。

君士坦丁的學術推動並不限於個人著作。他資助抄寫經典，整修國立圖書館，並召集文士編纂帝國歷史。他大力重建《編年史》的體系，並命學者從古至今重新整理王朝記錄，嘗試建立一部連貫、有秩序的帝國敘事。他亦推崇古典希臘文學與修辭教育，設立講席以教導修辭學、邏輯與辯證法，成為拜占庭學術制度化的重要推手。

然而，君士坦丁的學術志業並非無爭議。他治下的官僚機構日益文人化，使軍事將領與地方貴族感到疏離；且部分學者過於專注辭章技巧與儀式詮釋，忽略實務施政，形成「文風過盛、政務乏力」的批評聲浪。儘管如此，其所營造出的文化氛圍與典章制度，仍為帝國後期提供了堅實的思想資本。

第五節　文獻整理與歷史書寫復興

君士坦丁七世的統治，不僅展現皇帝對學術的高度興趣，更開啟拜占庭帝國文獻整理與歷史編撰的復興浪潮。這場文化工程，不僅象徵著馬其頓王朝文治政治的高峰，也使拜占庭成為中世紀東地中海地區文獻保存與歷史敘事的中心。

君士坦丁七世深知文字、史籍與檔案在帝國治理中的重要性。他堅信，「一個不記錄自己歷史的國度，終將失去其方向與靈魂」。為此，他於君士坦丁堡皇宮內重建皇家圖書館，

第五章　學問與權力的交錯：馬其頓王朝的文化與政治遺產

並設立「文獻整理局」（Scriptorium），招募學者與抄寫員負責古籍抄寫、文獻整編與歷史文稿撰寫。

他大力支持文學作品的再製與保存，指示從各地修道院與學院收集散佚經典，進行重抄與注解。許多希臘古典作家的作品，如修昔底德、希羅多德與色諾芬，正是在這一時期透過謄寫與講授而獲得保存。君士坦丁亦鼓勵以簡化語言編撰歷史，使更多中層官員與士人得以接觸帝國過往記憶。

君士坦丁七世亦重視統治理論與典章制度的系統化整理。他命官員將歷代行政文書分類彙整，編撰如《職官表》、《宮廷禮典》與《行政實錄》等手冊，為日後官僚體系提供準據。他甚至設置史學講席於宮廷學院，邀集史家與文士辯論歷史因果與朝政得失，形成一種將歷史視為政治教育與國家治理的知識實踐。

此外，他亦鼓勵地誌、傳記與教會史的發展，擴張歷史書寫的範疇。地誌類作品如《主題區論》、教會文集如《牧首誌》，皆在此時被系統化修訂或新編，呈現出十世紀拜占庭史學的多樣性與深度。

然而，此波歷史書寫復興並非純粹知識興趣所驅動，亦有其政治考量。君士坦丁藉由史書建構馬其頓王朝的正統性敘事，將自身政權與歷代賢君並列，並對前朝如米海爾三世等人進行道德批判與形象重構。這種「為政而書史」的策略，顯示歷史撰述已成為政治語言與權力正當化的延伸工具。

第六節　宮廷無能與外戚干政

　　馬其頓王朝雖在君士坦丁七世與利奧六世等皇帝時期展現出文治高峰與制度鞏固，但其內部卻逐漸顯露出政治機能退化與宮廷權力失衡的隱憂，尤其在皇帝執政能力不足或年幼時，更易導致外戚與權臣干政現象猖獗，形成「表面繁榮、內部掏空」的政局危機。

　　君士坦丁七世雖學識淵博，但政治手腕薄弱，尤其在面對宮廷實權派系時往往選擇退讓，致使權力落入皇后家族與權臣手中。最具代表性者，乃是其岳父羅曼努斯一世．利卡潘努斯（Romanos I Lekapenos）的崛起。羅曼努斯原為艦隊將領，後倚靠婚姻與軍事勢力進入宮廷，最終自924年起實際掌權，甚至於920年登基為共治皇帝，架空君士坦丁七世長達二十年。

　　這段時間，君士坦丁七世雖名義上為帝，但實際多淪為文化象徵與文書批注者。他專注於歷史與典章編纂，任由國政由利卡潘努斯家族控制。此局勢導致拜占庭的文官體系與軍政大權嚴重割裂，並造成地方軍事將領不服中央調度，間接為日後軍閥割據埋下伏筆。

　　此外，宮廷中的宦官群體亦因皇帝年幼或體弱時得以壟斷權力。他們不僅掌握皇室內務與訊息流通，更藉由安排皇室婚姻與接觸高級官員，實質左右政局。尤其在君士坦丁七

第五章　學問與權力的交錯：馬其頓王朝的文化與政治遺產

世晚年，其親信宦官與王族女性聯合壟斷朝政，形成宮廷派系與貴族集團互相傾軋的複雜局勢。

在利奧六世與其後嗣統治期間，類似情況屢見不鮮。皇帝年少時期，攝政多由皇后與其娘家把持，如佐伊・卡波諾普西娜便在利奧六世過世後長期主導宮廷人事，並與大臣建立互利關係。這種由皇后與外戚掌控權力的現象，不僅削弱皇位的神聖性，也導致政務決策屢遭貴族干擾。

值得注意的是，外戚與宦官的權勢並非一無是處。在某些情況下，他們反能穩定政權與中止軍人政變，充當朝廷緩衝機制。然而，當這種干政變成壟權，便導致貴族家族坐大、朝政腐化與民間不信任，嚴重破壞拜占庭原有的「君主－官僚－教會」三角平衡結構。

第七節
羅馬努斯二世的短命與賽奧法諾掌權

在君士坦丁七世過世後，其子羅馬努斯二世（Romanos II）於 959 年繼位。雖出身於文治昌隆的宮廷環境，卻並未承襲父親的學術精神與政治訓練，反而展現出奢靡與放任的統治風格。更重要的是，他的短命統治為拜占庭權力核心留下權力真空，讓皇后賽奧法諾（Theophano）成為實際掌權者，

第七節　羅馬努斯二世的短命與賽奧法諾掌權

並開啟後續軍人皇帝與宮廷陰謀相互交錯的權力轉換期。

羅馬努斯二世即位時年僅二十出頭，面對帝國政務缺乏經驗。他迅速撤換父親任命的官僚與文士，轉而依賴私人親信與皇后家族的建議，導致原有文官制度斷裂，朝政重心自制度轉向個人圈子操作。他寵信宦官與侍從，減少公開朝會，並將實際政務多交由賽奧法諾處理。

賽奧法諾出身平民，憑藉美貌與機智獲得皇室青睞，成為羅馬努斯的皇后。她深諳宮廷權力運作，並擅長建立同盟關係。當羅馬努斯二世短短四年後於963年突然去世時，外界普遍懷疑其死因與宮廷鬥爭有關，甚至有史家指稱賽奧法諾涉入其中，雖無明確證據，卻反映出她在政局中的主導形象。

羅馬努斯之死留下兩名年幼皇子：巴西爾與君士坦丁，皇位懸而未定。賽奧法諾迅速宣布攝政，自稱皇太后，並倚重將軍尼基弗魯斯二世·福卡斯（Nikephoros Phokas）擔任軍政支柱，安撫軍方勢力，同時掌控宮廷派系。她與福卡斯聯手剷除反對者，成功穩固政權。然而，其後更傳出兩人關係曖昧，引發朝野不滿。

賽奧法諾為鞏固自身地位，於964年與福卡斯成婚，使後者得以登基為皇帝。此舉在形式上完成軍事將領皇帝的合法化，但亦引爆宮廷貴族與宗教高層的疑慮，牧首對此表示強烈抗議，認為皇后未守寡期便另嫁，違反教規。

第五章　學問與權力的交錯：馬其頓王朝的文化與政治遺產

在權力結構中，賽奧法諾的攝政象徵著拜占庭女性政治參與的一個高峰，但其方式卻深陷陰謀與權術之中。她不僅干預軍政任命，更透過婚姻與聯姻強化自身政治網絡，使宮廷政策日益依附於個人關係與家族集團。

羅馬努斯二世的短命，不僅揭露皇位繼承制度的脆弱，也讓皇室成員與軍方之間的關係陷入不穩。賽奧法諾雖短暫維持政局穩定，但其掌權方式與後續引發的政變與皇權更替，無疑成為帝國由文治走向軍人政治的轉捩點。

第八節
尼基弗魯斯二世・福卡斯的軍政整合

尼基弗魯斯二世・福卡斯（Nikephoros II Phokas）在與皇太后賽奧法諾成婚後登基，開啟了軍人皇帝實際掌政的時代。他出身自亞美尼亞裔的名門將門，父祖皆為帝國邊疆的防衛者，以剛毅果斷與戰場指揮聞名。其執政期從 963 年至 969 年，不僅致力於對外征戰，也試圖重構帝國軍政制度，雖功績卓著，卻因強硬手段與權力獨攬最終走向孤立與悲劇。

尼基弗魯斯二世即位後，立即著手整編軍隊。他主張以紀律嚴明、忠於皇帝的職業軍取代鬆散的地方義勇兵，並推動邊防屯田兵制度的復興。為解決軍費與土地兼併問題，他

第八節　尼基弗魯斯二世·福卡斯的軍政整合

下令重查帝國土地契約，特別針對貴族與修道院非法圈地行為開展清查行動，強化中央對土地與稅收的掌握。

軍事方面，他延續並擴展前線戰略。福卡斯在位期間對抗阿拉伯勢力，成功收復克里特島，並多次擊退敘利亞與小亞細亞的穆斯林軍隊，進軍哈勒普與安條克地區，短暫恢復帝國東部邊境穩定。他的軍功讓拜占庭重振士氣，也使其獲得「白死將軍」的敬畏綽號。

然而，尼基弗魯斯二世的軍功並未轉化為廣泛的內政支持。他嚴厲的經濟政策引發民怨，尤其在削減城市貴族特權與限制教會土地免稅特權方面，與既得利益者產生嚴重對立。其減免軍功者俸祿、削弱貴族勢力的作法，使宮廷對他日益疏離。

在宗教方面，福卡斯推崇苦修主義，對於修道院的改革與嚴格紀律表現強烈支持，卻也導致部分教會領袖視其為過度干預者。他下令修道院改革、禁止奢華生活，並要求修士直接向皇帝效忠，這些措施雖強化中央控制，卻動搖教會的傳統自治。

與賽奧法諾的婚姻，起初為其取得皇位的合法性工具，然二人關係迅速惡化。賽奧法諾逐漸失去宮廷核心的影響力，而福卡斯則陷入對朝臣與外戚的強烈不信任。晚年，他築起皇宮防線，幾近自我幽禁，並對任何潛在威脅展開無差別打壓，導致朝中人心惶惶。

第五章　學問與權力的交錯：馬其頓王朝的文化與政治遺產

最終，福卡斯在 969 年遭到自己的將領約翰一世·齊米斯基斯（John Tzimiskes）與賽奧法諾合謀刺殺，結束其軍人皇帝的統治。其死訊一出，雖軍方震驚，然宮廷與市民多表歡慶，顯示其政績雖盛，卻未能贏得民心與官場信任。

第九節
約翰一世·齊米斯基斯的崛起與皇位之爭

約翰一世·齊米斯基斯（John I Tzimiskes）是拜占庭帝國十世紀後期最具政治手腕與軍事膽略的皇帝之一。其登基過程伴隨宮廷陰謀與軍政博弈，既延續尼基弗魯斯二世·福卡斯的軍功路線，也藉由賽奧法諾的宮廷聯盟取得合法性。然他最終卻捨棄宮廷派系，選擇與教會合作，以重建皇權正統為優先，揭開帝國從軍人專政轉向文武平衡的新階段。

齊米斯基斯原為尼基弗魯斯二世麾下最得力的將領之一，出身自亞美尼亞軍人家族，具有廣泛的東線軍方支持。他與福卡斯關係曾親密無間，甚至被視為帝國未來的軍事支柱。然而，隨著福卡斯愈發專制，並排斥軍中其他勢力，齊米斯基斯在軍中地位日益被邊緣化。

另一方面，齊米斯基斯與賽奧法諾私下聯繫漸密。二人因共同的政治目標與對福卡斯統治風格的不滿，逐漸策劃政

變。969 年，齊米斯基斯率軍潛入皇宮，與宮廷內應一同刺殺福卡斯。此舉雖血腥，卻獲得不少朝臣與教士暗中支持，顯示福卡斯政權已失去宮廷與社會的基本信任。

登基後，齊米斯基斯迅速展現政治靈活性。他未立賽奧法諾為皇后，反而將其流放至修道院，以示自己並非依附宮廷女性崛起，進而與教會重建關係。他迎回前任牧首波利烏克圖斯（Polyeuctus），接受宗教洗禮與公開悔過，強調自身為帝國正統的守護者而非篡位者。

在軍事上，齊米斯基斯延續福卡斯的東征政策。他親征保加利亞，擊退其王彼得一世之子伯里斯二世（Boris II），恢復帝國在巴爾幹半島的影響力。亦對阿拉伯世界採取攻勢，鞏固帝國邊境防線。其軍事才能與親征作風，贏得軍方敬重，也讓民間對其產生高度期待。

不僅如此，齊米斯基斯也關注經濟與文教事務。他減緩對貴族的壓制，試圖恢復中央與地方之間的行政合作；同時提倡文人從政，強化官僚體系的專業性。他下令修訂稅制、改善糧食運輸，並重新整理邊疆的屯田兵冊籍，力圖在軍政之間尋求平衡。

然而，其統治並非沒有挑戰。雖然外在政績斐然，但其在位時間僅六年，便於 976 年猝死，年僅四十餘歲。有說法指出其死因不明，甚至有中毒與謀殺之傳聞，顯示其政權仍有潛伏敵意與派系陰影。

第五章　學問與權力的交錯：馬其頓王朝的文化與政治遺產

第十節　王朝延續與文化繁榮的並行矛盾

在約翰一世・齊米斯基斯猝然辭世之後，拜占庭帝國進入另一個看似穩定實則暗藏裂痕的發展階段。馬其頓王朝名義上得以延續，政治制度與軍政管理依然維持在前期改革的基礎上運作，文化上更進入一波高峰，史稱「馬其頓文藝復興」的黃金年代。但這段時期的榮景背後，卻隱含著皇權結構的脆弱與制度本質的張力。

齊米斯基斯過世後，由其甥巴西爾二世（Basil II）繼位，年僅十八歲，實權由攝政宦官與權臣掌握。儘管巴西爾後來成為拜占庭史上最為長壽且政績彪炳的皇帝之一，但在繼位初期，其政權並不穩固，宮廷派系與軍方將領對皇位的覬覦始終未歇。這種情勢反映出，即使表面上皇位平穩傳承，但帝國實際仍受權臣、軍閥與文官三方角力牽動。

與此同時，文化與學術活動卻空前興盛。君士坦丁七世與齊米斯基斯推動的文獻整理與教育制度逐漸發酵，歷史編纂、哲學講學與修辭寫作蔚為風潮。國家圖書館與宮廷學院成為知識傳播的核心，出現如米海爾・普塞洛斯（Michael Psellos）等重要學者，奠定拜占庭晚期學術的深度與廣度。

然而，這種文化繁榮並未能彌補政治結構的潛在矛盾。一方面，文人治國雖提升政策論述與制度邏輯，但也引發貴

第十節　王朝延續與文化繁榮的並行矛盾

族階層對於實務效率與軍事應變的疑慮。另一方面，軍方仍保有高度自治與經濟資源，在邊境地區形成事實上的軍閥區域，挑戰中央集權的穩定性。

皇室本身亦無法完全擺脫權力分裂問題。皇帝雖被視為神授代表，但在實際統治中常須仰賴貴族聯姻、軍事支持或教會認可才能鞏固地位，這導致皇權內部常出現多重合法性的競爭現象。雖無明顯內亂，但制度上已顯現出依賴平衡而非整合的脆弱模式。

此外，貴族土地兼併與農民負擔沉重的問題也日益嚴重。大量農民淪為依附於貴族莊園的農奴，影響國家稅收與軍事徵兵制度。政府試圖以法令抑制兼併，卻因執行不力與貴族反彈而成效有限，最終造成財政與軍政體系的不對稱擴張。

拜占庭的這段時期，因此呈現出一種矛盾景象：在制度建設與文化振興上成績斐然，卻未能同時克服內部的結構性不穩。這種繁榮與危機並行的現象，為後來十一世紀帝國所遭遇的軍政崩潰與外敵侵襲埋下伏筆。

■第五章　學問與權力的交錯：馬其頓王朝的文化與政治遺產

第六章
帝國的盛極與潰敗：
巴西爾二世與軍事霸權的代價

第六章　帝國的盛極與潰敗：巴西爾二世與軍事霸權的代價

第一節　保加利亞戰爭與軍功擴張

巴西爾二世（Basil II）在位期間長達 49 年（西元 976～1025 年），是拜占庭帝國史上最長壽的皇帝之一。他的統治時期被後人視為拜占庭軍事最強盛的時代，尤以對保加利亞的連年征戰為代表，不僅徹底擊潰保加利亞帝國，也為自身贏得「保加利亞殺手」（Bulgar-Slayer）的綽號。然而，這場戰爭雖然擴張了帝國疆界，卻也種下了內部治理失衡、軍事霸權過重的危機種子。

巴西爾二世即位初期年幼，實權為攝政大臣與宦官所掌握。宮廷混亂之際，保加利亞帝國趁機擴張勢力。西元 986 年，巴西爾親征保加利亞，卻於「圖拉真之門」（Gate of Trajan）遭遇慘敗，成為其統治生涯早期最重大挫敗。此戰後，他意識到若不親自掌握軍權，將難以穩定帝國根基。自此，巴西爾捨棄文治導向，轉而成為軍政合一的皇帝典範。

保加利亞戰爭持續近四十年，為帝國帶來巨大軍事負擔，也考驗皇帝的統帥與毅力。巴西爾二世採取逐步圍堵策略，沿著多瑙河與巴爾幹山脈設立堡壘與軍道，逐一攻克保加利亞要塞。他訓練一支高度職業化的禁衛軍，並對其實行直接皇室控制，藉此削弱傳統將門與地方軍頭的影響。

最著名的戰役為 1014 年克雷迪昂戰役（Battle of Kleidion），巴西爾擊潰保加利亞沙皇薩穆伊爾（Samuel）的大軍，

並據傳下令將一萬五千名保加利亞俘虜挖去雙眼，每百人留一人單眼領路，放回敵境。此舉震懾敵軍，亦顯示皇帝對戰爭的殘酷決心。保加利亞帝國不久後滅亡，巴西爾二世正式將其納入拜占庭領土，帝國疆界達至自希拉克略以來的最高峰。

然而，這場軍事勝利背後的代價逐漸浮現。長期對外征戰導致國內財政吃緊，為籌措軍費，皇帝徵收特稅並壓抑貴族特權，引發地方勢力反彈。同時，巴西爾倚賴軍隊控制地方，卻未有效培養行政官僚，使得軍政二元化問題加劇。

此外，皇帝長期駐軍前線，疏離君士坦丁堡的宮廷政治，導致文官系統運作失衡。他未婚且無子，使皇位繼承問題懸而未決。此種高度依賴個人威望與軍功維繫政權的統治模式，缺乏制度傳承，巴西爾死後，帝國即陷入軍事真空與政治裂解的風暴。

第二節　對撒拉森人的征伐與疲兵戰略

巴西爾二世的軍事才能並未止於巴爾幹地區。他亦將軍事重心延伸至東方，面對撒拉森人長年占據的敘利亞與安納托力亞邊疆地區。這些地區自希拉克略時代以來，便是拜占庭與伊斯蘭勢力反覆爭奪的核心戰區。巴西爾以強化邊境與持久戰略應對，開展一連串反擊，試圖鞏固東部防線，卻也

第六章　帝國的盛極與潰敗：巴西爾二世與軍事霸權的代價

在此過程中暴露了帝國戰力的極限與疲憊。

相對於保加利亞戰爭的直接征服目標，東線對撒拉森人的軍事行動更接近一種消耗式防禦。他主要採取「疲兵戰略」（strategy of attrition），在維持邊防城鎮與要塞運作的同時，不斷派遣小規模部隊騷擾敵境，削弱其後勤與士氣。這種策略在短期內可有效遏止敵軍進犯，卻對帝國軍隊與財政形成長期壓力。

為實施此戰略，巴西爾重整安納托力亞主題區的軍政系統，強化前線屯墾制度，並增設堡壘與軍道。他授權地方軍將擁有更高自主防禦權，鼓勵士兵屯田自給，但此舉亦逐漸形成將領地方化傾向，為後來的軍閥割據埋下伏筆。

在軍事行動方面，巴西爾派遣數支精銳部隊深入美索不達米亞與北敘利亞，攻陷部分撒拉森軍據點，甚至短暫控制阿勒坡周邊地區。然而，這些勝利並未如巴爾幹戰線那樣轉化為穩定領土，反而造成軍隊長期滯留異域，後勤補給困難。帝國為維持駐軍與邊防行政支出，不得不擴徵田賦與動員人力，造成農民與邊民不滿。

更重要的是，巴西爾二世傾向以軍事解決東線問題，而忽略與穆斯林政權的外交協商空間。拜占庭與法蒂瑪王朝本可就邊界與貿易進行談判，卻因皇帝堅持軍事壓制，導致雙邊衝突長期化。這種戰略雖短期內維持帝國威信，長遠卻造成帝國戰力的分散與財政資源的過度耗損。

值得注意的是，巴西爾本人多次親臨東線，親自督戰，展現其一貫的皇帝即將軍形象。但也因頻繁出征，導致中央機構與內政事務長期缺乏關注，使文官體系日益萎縮，內政效率不彰。

從整體觀之，巴西爾對撒拉森人的征伐象徵帝國最後一波以軍事方式向東擴張的嘗試，但其策略所依賴的高耗能、高風險模式，對帝國整體動員能力與社會結構產生極大壓力。戰爭帶來的榮耀短暫，軍政壓力卻持久，這正是拜占庭進入十一世紀之後，雖疆域廣闊卻難以穩定的矛盾根源之一。

第三節　將領獨立傾向的隱患

巴西爾二世雖以強勢軍事統治著稱，然而其所建立的軍功制度與地方軍權體系，在擴張帝國疆域的同時，也逐步培養出一批實力強大、野心勃勃的軍事將領。這些人原本是皇權的臂膀，卻在缺乏制衡的情況下逐漸發展成潛在威脅，成為拜占庭帝國內部穩定的最大隱患之一。

帝國在東西兩線皆有長期戰事，為支撐戰爭，巴西爾重用出身貴族的世襲將領，賦予他們廣泛的軍政職權與地方徵稅權限。這些將領多擁有廣大莊園、私人軍隊與地區性政治網絡，使其在地方的實力甚至超越中央派遣的文官。

第六章　帝國的盛極與潰敗：巴西爾二世與軍事霸權的代價

　　舉例而言，斯卡雷諾斯（Skleros）家族等軍事世家，已在亞美尼亞與卡帕多奇亞形成實際的軍事統治區。他們在地方修築要塞、自行徵稅、收容逃亡農民，逐漸脫離中央控制。儘管表面上仍對皇帝效忠，但在實務上已擁有高度自治權力。

　　更具風險的是，這些將領之間不僅彼此競爭，亦與宮廷派系結盟，形成橫跨軍政與貴族網絡的聯盟體系。一旦皇位出現爭奪或皇帝權威薄弱，他們便可能支持傀儡皇帝，甚至自立為王。這種潛在軍閥化的趨勢，嚴重威脅帝國中央集權的根基。

　　巴西爾二世本人雖高度警覺此一現象，並採取多項削權措施，如重新調整軍區界線、限制軍將土地兼併、派遣皇室使者監督邊區軍政，但因戰事壓力巨大與即戰力需求迫切，多數改革無法徹底落實。他對部分有功將領採行懷柔政策，反而更加強化其在地方的獨立性。

　　此外，禁衛軍與職業軍制度雖初衷在於削弱地方兵力依賴，但由於禁衛軍多由外族傭兵組成，忠誠度不一，導致皇權在軍事上的依附性愈加複雜。一旦禁衛軍司令與地方將領聯手，皇帝實際統治權恐遭架空。

　　這種將領自主與中央離心的結構問題，在巴西爾死後迅速爆發。繼任者缺乏巴西爾式的軍威與控制力，而地方將領已成氣候，造成軍政割據與內亂的局面。十一世紀中期的內戰與軍人政變，即是巴西爾軍政體系後遺症的集中爆發。

第四節　稅賦與財政集中制的反彈

　　巴西爾二世的長期軍事征戰，使得帝國需要穩定而充裕的財政支援。他為維持常備軍隊、修築防禦設施與支援邊疆行動，採取強化財政集權的政策，集中稅收權與重構土地徵稅制度。這些改革在短期內確實提升財政效能與軍備穩定，但卻激化地方不滿與貴族反彈，成為帝國統治日後失衡的催化劑。

　　為因應龐大軍費，巴西爾推動稅賦體系再編，強調直接課稅與實物徵收相結合，並強化主題區財政稽核制度。他派遣中央稅務巡察官至各省徵查逃漏，並嚴格管控免稅地產，特別針對修道院與貴族土地實施清查。這些舉措在帳面上確實增加了皇室收入，卻觸動了既得利益階層的核心權力。

　　貴族與教會，長期享有土地免稅特權與收租自主，面對皇權介入自然感到威脅。他們紛紛向皇帝上表陳情，甚至串聯反對改革的文官與軍頭，試圖以朝議方式延緩改革進程。儘管巴西爾強勢壓制反對聲音，但其手段造成地方社會對中央集權的深層不信任，尤以東方貴族為甚。

　　在農村社會層面，集中稅賦政策對小農造成沉重負擔。巴西爾雖宣稱保護「自由農」地位，反對貴族吞併小農土地，實際上中央徵稅壓力卻導致大量小農破產或轉而依附大莊園主，形成新的半農奴體制。土地兼併與農民逃亡現象加劇，

第六章　帝國的盛極與潰敗：巴西爾二世與軍事霸權的代價

削弱了兵源，也讓地方經濟失去活力。

更為嚴重的是，巴西爾在加強稅務管理同時，對地方官僚與軍區將領施以嚴密財政監控。這雖有助於抑制貪汙與提高稅收效率，但也讓地方政府失去彈性與自我調節能力。官員多轉趨保守，行政效率下降，民間怨聲載道。各地叛亂與稅賦拒繳事件不時發生，特別是在亞美尼亞與敘利亞邊陲，中央控制力明顯鬆動。

帝國財政的高度集權，在巴西爾二世個人強權與軍功威望庇護下仍可維持，然而這種依賴「強人統治」的體系缺乏制度永續性。他未建立穩定的稅政委員會或地方法律整合架構，使後繼者無法複製其財政體制。一旦皇帝能力不足或失去軍事主導，財政系統即易陷入崩潰。

此外，財政集中亦造成皇權與教會的摩擦升溫。面對免稅地查處與修道院財產扣押，教士階層屢屢向牧首與外國宗教團體求援，甚至透過聖職講壇對皇權提出道德批判。皇帝雖可短期壓制聲音，長遠卻損害政教關係穩定與信仰體系的支持。

第五節　皇帝形象的兩極評價

巴西爾二世作為拜占庭帝國歷史上統治時間最長的皇帝之一，其形象在歷代史家與當代臣民中呈現出高度對比的評

價。一方面,他被尊為保加利亞征服者與帝國軍事最輝煌的締造者,另一方則被視為冷酷寡言、無情壓制貴族與人民的「戰爭皇帝」。這種兩極化評價,不僅揭示其人格的複雜性,更反映出其治下社會階層與政權體系的斷裂。

在軍事領域,巴西爾二世無疑為帝國帶來空前勝利。他平定內亂、征服保加利亞、穩固東線,軍功赫赫,使拜占庭疆域達至鼎盛。他在士兵心中是堅毅無畏、親征前線的軍神,與將士同甘共苦,不事奢華。據史書記載,他穿軍服多過穿皇袍,寧居軍帳而非華宮,深得軍中尊敬。

然而,這份榮耀未能在宮廷與上層社會中贏得一致支持。巴西爾為削弱貴族勢力,採取高壓政策,不允許封地擴張,甚至重新分配已併吞的土地。他對貴族階級的猜忌與打壓,使其在朝中成為孤立人物。許多貴族與教士視其為「不近人情」的冷面皇帝。

在內政方面,他極端節儉,拒絕建設華麗宮殿或贊助藝術創作,幾乎未主持大型慶典或公共活動。相較於君士坦丁七世、利奧六世等文化皇帝,巴西爾缺乏文治建設,顯得刻板與缺乏人文關懷。對知識分子而言,他是實用而無靈魂的統治者。

民間對其評價亦呈現分化。邊疆居民因受其軍事保護而懷有感恩之情,小農與屯田兵因其打壓貴族兼併而獲得短暫

第六章　帝國的盛極與潰敗：巴西爾二世與軍事霸權的代價

喘息。然而，城鎮中產階級與教會信徒則對其高壓統治與宗教冷淡態度多所微詞。據《編年史》所載，君士坦丁堡的街談巷議常將他稱為「沉默者」，意謂其神祕而缺乏溫情。

更關鍵的是，巴西爾缺乏明確繼承安排，使其個人崇拜未能轉化為制度延續。他終身未婚，身後留下的政治真空成為帝國權力鬥爭的導火線。在後人眼中，他是「能征善戰卻不擅養國」的代表，是強盛帝國的締造者也是其衰退伏筆的埋葬者。

這種評價分裂在史學傳統中也反映鮮明。保守派史家稱其為「第二個亞歷山大」，認為其軍功可與古代英雄比肩；而人文主義者則批評其忽視文化與制度，認為其成功建立在血與鐵之上，缺乏文明深度。

第六節　君士坦丁八世的無作為統治

巴西爾二世駕崩後，由其弟君士坦丁八世（Constantine VIII）繼位。雖名義上為皇帝多年，但在巴西爾長期主政期間，他實際上並未參與國政，宛如虛位元首。直到1025年巴西爾過世，他才真正掌握權力，然而其短暫且怠惰的統治，不僅無力延續前朝威勢，更為帝國中樞帶來嚴重治理真空。

第六節　君士坦丁八世的無作為統治

　　君士坦丁八世性格柔弱、喜好奢侈，對於政治毫無熱忱。他即位後，將多數政務委託給近臣與宮廷宦官，自己則沉迷於娛樂與飲宴。他未曾巡視邊疆、也不關心軍務，使得巴西爾苦心建立的軍政體系快速鬆動。禁衛軍紀律敗壞，將領失去皇室約束，邊疆防線逐漸崩解。

　　在財政上，君士坦丁八世延續兄長集中稅收的政策，卻缺乏對地方的監督與調節能力。他隨意任命不適任官員，多以個人喜好決定官職升遷，造成朝政混亂與地方貪腐。據《編年史》記載，其統治期間出現多起地方官員挪用稅收、賣官鬻爵事件，而中央對此束手無策。

　　最為人詬病的是，他對貴族的態度與兄長完全相反。為尋求短期支持，君士坦丁八世放寬貴族對土地的控制，甚至恢復部分封地權與地方徵稅自主權，致使原本受壓抑的貴族勢力迅速回復元氣，進一步削弱皇權。這不僅讓軍政割裂的問題更加惡化，也為貴族干政與軍閥擴權埋下新伏筆。

　　他對教會態度亦搖擺不定，時而向主教集團妥協，時而對修道院進行無理徵收，導致政教矛盾持續升溫。宗教儀式逐漸形式化，皇帝本身缺乏宗教威望，使得教士群體開始轉向尋求其他政治靠山，教會對皇權的認同出現鬆動。

　　此外，君士坦丁八世亦未建立清晰的繼承體制。由於其子皆早逝，他將繼承希望寄託於三位女兒之中，卻始終未

第六章　帝國的盛極與潰敗：巴西爾二世與軍事霸權的代價

妥善安排其婚姻與政治聯姻。這種皇位空轉與繼承模糊的局面，在他死後立即引發宮廷內部爭權與女性攝政的混亂局面，為佐伊與塞奧多拉時期的政變連鎖反應拉開序幕。

史家對君士坦丁八世評價普遍負面，認為他「享其位而不治其政」，是典型的昏庸之君。他不僅浪費了巴西爾二世留下的戰略成果，也未能建立制度性的皇權延續，使帝國再次陷入強人死後的權力空窗。

第七節　王權女性：佐伊與塞奧多拉的交替

君士坦丁八世駕崩後，因無男性繼承人，拜占庭帝國的皇權傳承首度落入女性之手。其三位女兒中，以佐伊（Zoe）與塞奧多拉（Theodora）最具政治分量。這段由兩位皇族女性共同構築的統治時期，不僅打破傳統性別權力架構，也揭示宮廷鬥爭與政權失衡的深層問題。

佐伊在君士坦丁八世死後被指定為皇位繼承人，並立即與參政官羅馬努斯三世・阿爾吉魯斯（Romanos III Argyros）結婚，使其得以名正言順登基。然而，羅馬努斯三世缺乏政治手腕，對宮廷勢力的掌控力極低。佐伊則開始活躍於政治場域，實際掌握政務大權。

第七節　王權女性：佐伊與塞奧多拉的交替

她的統治風格受制於宮廷私情與個人恩怨，並未建立穩定的治理機制。羅馬努斯三世因改革失敗與軍事挫敗備受批評，最後在宮廷中神祕身亡，外界普遍懷疑與佐伊及其情人米海爾有關。佐伊隨即和米海爾結婚並擁立為米海爾四世，皇后改任為皇帝的行為，進一步動搖皇權的神聖性。

米海爾四世體弱多病，由其兄約翰（John the Orphanotrophos）實際操控政權，引發朝內不滿。在米海爾四世過世後，佐伊再次試圖操縱繼承，迎立養子米海爾五世為帝。不料米海爾五世登基後試圖排除佐伊影響，甚至將其驅逐至修道院，引發民變。

1051 年，君士坦丁堡群眾發起暴動，迫使米海爾五世退位，並迎回佐伊與其妹妹塞奧多拉共治。兩位皇室女性共同登上帝位，成為拜占庭歷史上唯一合法的女性共治時期。然而二人理念差異顯著，佐伊偏向宮廷妥協，塞奧多拉則堅守法令與制度，導致政務分裂與決策遲緩。

共治僅維持數個月，佐伊再度與貴族聯手，和君士坦丁九世‧莫諾馬霍斯（Constantine IX Monomachos）成親並立為皇帝，自己退居皇后之位。塞奧多拉則被迫出局，政權再度回到由男性主政的架構，但王權女性主導時代留下深遠印記。

這段女性執政時期揭示皇權儀式性與合法性深度脫鉤的現象。佐伊與塞奧多拉雖出身皇室，卻無法單靠血統贏得政

■第六章　帝國的盛極與潰敗：巴西爾二世與軍事霸權的代價

治認同，必須依靠婚姻、民意與軍方支持來鞏固地位。這種非正規合法性建構模式，使得皇權變得易受操弄，也加劇政局動盪。

史學界對王權女性的評價分歧。部分史家認為佐伊迷信與感情用事，使政權墮入混亂；而塞奧多拉則被視為堅強女性領袖，致力於恢復文官制度與法制秩序。然而二人皆未能解決皇權與軍方、宮廷與教會之間的根本矛盾，執政期間可謂權力形式大於實質成果。

第八節　米海爾四世的短命與病苦

米海爾四世（Michael IV the Paphlagonian）是佐伊皇后在其首任丈夫羅馬努斯三世逝世後所扶植的第二任皇帝，這位出身低微的男子憑藉俊秀的外貌與溫順的性格，迅速攀登權力頂端。然而，他的統治過程深受病痛所苦，並且全面依賴兄長約翰（John the Orphanotrophos）掌控朝政，形成一個不穩且飽受質疑的權力結構，最終未能為帝國帶來持久穩定。

米海爾四世出身卑微，原為宮廷侍從，其兄約翰為宮廷重要官員，深諳權謀，安排他接近佐伊，藉由情感關係進而掌握皇后信任。羅馬努斯三世暴斃後，佐伊不顧宮廷質疑，迅速改嫁並擁立米海爾為帝，引發貴族與教會的廣泛非議。

第八節　米海爾四世的短命與病苦

登基初期，米海爾因身體羸弱，鮮少主持政務，將大權交由兄長主導，形同傀儡皇帝。

約翰作為實際掌權者，推行一系列財政與軍事改革，強化禁衛軍、整頓稅收、打擊腐敗，短期內確實穩定朝政。但這些政策亦伴隨高度壓制與監控，特別是對宮廷反對派的肅清與地方豪族的打壓，引發多起反叛與叛亂。約翰的獨裁作風，使皇帝名位形同虛設，也令米海爾本人的聲望與威信大為受損。

更嚴重的是，米海爾四世罹患癲癇與慢性腎疾，每每病發時無法理政，朝政多由約翰獨斷專行。史家記錄他經常神智不清，需人攙扶上下朝，甚至需服用大量鴉片止痛，身心備受煎熬。為逃避現實，他大多時間隱居於宮中偏殿或療養設施，與外界幾近隔絕。

儘管身體孱弱，米海爾四世在約翰策劃下仍勉力維持君主威儀。他於1036年親征敘利亞，對抗法提馬王朝，雖非大勝，卻有助穩定東線。他也親自主持與保加利亞殘餘勢力的和談，成功整合帝國西部疆域。然而，這些成就多被歸功於其兄與將領，皇帝本人的角色極其邊緣化。

由於病情惡化，米海爾意識自身時日無多，拒絕佐伊參與繼承決策，而選擇擁立其姪米海爾五世為繼承人。此舉激怒佐伊，使宮廷再度陷入陰謀與權力鬥爭之中。1041年，米

第六章　帝國的盛極與潰敗：巴西爾二世與軍事霸權的代價

海爾四世於病榻中去世，年僅四十，結束一段政務由兄長控制、健康備受摧殘的短命統治。

其死後，帝國內部並未出現預期中的哀悼，反而因其統治下的高度壓迫與冷漠，引發民間冷感。歷史評價上，米海爾四世被視為一位缺乏主體性的過渡君主，其個人特質與病苦，折射出皇權機器逐漸機械化、形同裝飾的歷史階段。

第九節　宮廷政變與米海爾五世的被逐

米海爾五世（Michael V Kalaphates）是佐伊的養子，亦是米海爾四世和約翰的外甥。米海爾四世臨終前將其扶為共同皇帝，並希望藉此穩定皇位繼承。雖然此舉獲得教會與宮廷一部分支持，但佐伊皇后被排除於決策之外，使她與米海爾五世的關係自始即緊張。這場未經協商的皇位轉移，為宮廷政變埋下伏筆。

米海爾五世即位後，起初表現出謙遜與節制，意圖與佐伊和解並尋求社會支持。他赦免政治犯、減輕稅負，試圖扭轉前任政府的高壓形象。然而，此種表現並未持久。他迅速受到朝中保守派與軍方強人影響，特別是試圖擺脫佐伊與約翰的陰影，進而決定將他們逐出政治核心。

第九節　宮廷政變與米海爾五世的被逐

1042 年初，米海爾五世下令將佐伊驅逐至修道院，並剝奪其皇后頭銜。此舉激起民憤，尤其是君士坦丁堡市民視佐伊為合法皇族的象徵。消息傳出後，市民自發集結於聖索菲亞大教堂，舉行抗議遊行，群眾憤怒高呼要求佐伊復位。

宮廷無法迅速平息局勢，反而因軍隊猶豫不前導致政權信心崩解。幾日之內，叛變如野火般蔓延，士兵與民眾攜手衝入皇宮，迫使米海爾五世倉皇出逃。他最終於修道院被捕，隨即被閹割與放逐，結束短暫且動盪的四個月統治。

佐伊在民意壓力下復位，並邀請其妹妹塞奧多拉共同執政，再度建立雙后體制。這場政變，象徵皇權依附於民意與家族合法性的轉變，也揭示拜占庭政治體制由專制走向不穩定的過渡。

史家普遍認為，米海爾五世缺乏政治遠見與宮廷經驗。他試圖模仿改革者姿態，卻無法駕馭朝中權力平衡，最終因排除佐伊而喪失政權合法性。這場政變反映出拜占庭皇權儀式性遠高於實質治理力，任何無視皇室血統與民間期待的統治者，皆可能迅速被摧毀。

第六章　帝國的盛極與潰敗：巴西爾二世與軍事霸權的代價

第十節　君士坦丁九世的逸樂與秩序崩壞

佐伊與塞奧多拉重新掌權後，為尋求皇權穩定，佐伊選擇與貴族出身的君士坦丁·莫諾馬霍斯（Constantine IX Monomachos）結婚，並擁立其為皇帝，是為君士坦丁九世。這位皇帝登基時年近中年，風流倜儻、溫文儒雅，深得宮廷與貴族圈青睞。然而，他的統治以逸樂、浮華與權臣橫行著稱，開啟拜占庭皇權虛化與秩序崩壞的序章。

君士坦丁九世即位後，宮廷生活迅速由禁慾轉向奢靡。他頻繁舉辦舞會、音樂晚宴與競技娛樂，寵信美人斯克勒萊娜（Skleraina），甚至公然為其設立私宮，地位幾近副后，引發皇后佐伊與宗教界極大反彈。這種對傳統皇后制度的挑戰，使皇宮內部權力關係混亂，也傷害皇室在人民心中神聖不可侵犯的形象。

在政治上，君士坦丁九世任用私人友人與寵臣，缺乏對國政全盤理解與整合能力。重稅政策延續，卻未改善民生；土地兼併問題加劇，小農困窘無以為繼；地方軍權鬆動，禁衛軍紀律潰散。政府對地方反抗、邊境騷擾與軍隊怠惰的處置皆顯得軟弱無力。

更嚴重的是，君士坦丁九世並未建立穩定的內閣機制與繼承體系，而是依賴臨時性派系與利益交換來維持統治。文

第十節　君士坦丁九世的逸樂與秩序崩壞

官與軍方各自為政，政令無法貫徹至地方。塞奧多拉雖仍在位，卻實權全失，政治由宮廷貴族與宦官宰制，朝政腐化至極。

對外戰略亦日漸疲軟。東線面對突厥人入侵毫無反應，西線保加利亞地區叛亂再起，無兵應對。君士坦丁選擇議和與金錢收買，短期穩定卻換來長期戰略退敗。他對軍隊態度冷淡，長年未曾親征，軍心渙散成拜占庭後期最大弱點。

君士坦丁九世亦缺乏宗教號召力。他對神職人員態度矛盾，一方面以捐獻修道院贏得教會表面支持，一方面縱容宮中淫逸，挑戰東正教道德底線。主教團體對其寵妾制度與政務怠惰多所抨擊，導致皇權與教會關係跌至低點。

他的晚年幾無政務能力，身體衰弱、精神渙散，實權轉入一群宮廷近臣與親信之手，形成一個脫離現實與人民苦況的統治圈。城市貧民問題激增、饑荒四起、貴族鬥爭日趨激烈，而皇帝仍醉心宴樂與建設無用的華麗宮苑。

1055 年，君士坦丁九世病逝，無嗣，其政權隨即崩潰。塞奧多拉再次臨朝，象徵皇族殘存威望的最後閃爍。但君士坦丁九世的逸樂歲月，已深深動搖帝國根本制度，使拜占庭由軍功與法治漸轉為宮廷虛榮與貴族放任的格局。

第六章　帝國的盛極與潰敗：巴西爾二世與軍事霸權的代價

第七章
衰敗的回音：
宮廷政變與軍閥政治的交織

第七章　衰敗的回音：宮廷政變與軍閥政治的交織

第一節　塞奧多拉的復位與末代治理

在君士坦丁九世駕崩之際，帝國面臨權力真空與繼承危機。由於他未留下合法繼承人，皇室威望岌岌可危，政局不穩如箭在弦上。此時，前皇后塞奧多拉（Theodora）在高齡七十的情況下，出人意表地重新出任皇位，成為拜占庭歷史上最後一位以單獨名義掌權的合法皇族女性。

塞奧多拉的復位雖受到一部分元老與宮廷保守派的支持，但亦引起軍方與貴族集團的不滿。她之所以能迅速掌權，除了承襲皇室血統、具備宗教正統性之外，亦因她過往在宮廷中表現出的堅毅與穩重形象，使她在人民與教士間仍享有相當聲望。

然而，這次復位更像是一場臨時的政治補丁，而非具長遠規劃的穩定治理。塞奧多拉雖身體尚稱健朗，心志亦未退化，卻因年事已高、體力衰弱，加上對軍政實務陌生，使其政令多依賴於近臣與宦官傳達與執行，決策力大打折扣。

她上任後致力於重整文官體系，試圖抑制軍方勢力與貴族干政，並恢復早年佐伊與她共治時期的若干政策，如清查土地兼併、打擊貪汙與穩定幣值。然而，這些政策多停留於法令層次，執行力薄弱。地方貴族早已根深柢固，禁衛軍也非她所能指揮，皇命在首都之外日漸形同虛設。

同時，塞奧多拉對教會政策採取強硬態度，不願重返政教妥協，使部分主教與修道院與皇權產生齟齬。她試圖限制修道院土地與財務自主，收回教會對教育與農村社會的控制權，但面對保守派強烈反彈，這些改革宣告失敗。

在外交層面，塞奧多拉幾無積極作為。東線突厥人再起，西線保加利亞動盪，但皇室未能有效應對，軍隊缺乏調動與士氣低落。她未能派遣有力將領統帥邊防，反而重用信任宦官與無戰功之人，導致邊防節節敗退。

儘管如此，塞奧多拉仍保有嚴謹的個人操守與勤政形象，並未濫用宮廷資源，也未陷於奢華與私情，是一位在困頓時局中堅持原則的統治者。她的晚年統治象徵著一種對帝國榮光的守護，儘管力有未逮，仍試圖延續皇室的尊嚴與文官治理的傳統。

1056 年，塞奧多拉病重，在朝中毫無繼承準備情況下，臨終倉促指定近臣米海爾六世為繼任者。這一選擇缺乏政治基礎與軍方支持，使得皇權再次陷入政變與動盪。

第二節　米海爾六世的無力政權

塞奧多拉於 1056 年病重之際，為避免皇權斷裂，倉促指定近臣米海爾六世（Michael VI Bringas）繼位。然而，這位年

第七章　衰敗的回音：宮廷政變與軍閥政治的交織

邁的文官出身皇帝，既無軍功也無貴族背景，其統治不僅未能穩定帝國政局，反而迅速陷入內憂外患的旋渦，象徵著拜占庭皇權從實質治權滑落為空洞象徵的過程。

米海爾六世過去曾在宮廷擔任文書與財政要職，熟諳行政流程但缺乏政治手腕與軍事歷練。他上任之初，延續塞奧多拉時期的親文官政策，任命大批文官擔任高位，並以官職與恩典籠絡元老與修道院勢力。然而，這種偏袒文職、排斥軍方的做法，激怒了原本已對皇權失望的將領階層。

他試圖修補皇室與貴族間的裂痕，卻在分配封地與稅賦調整中顯得搖擺不定。對小農與城市平民而言，他的稅制改革承諾多空泛無實，對貴族與軍方而言，他的施政缺乏明確方向，無法保障軍功回饋與權益。這種無所作為的溫和保守政策，在急劇變動的時代顯得格外脆弱。

最致命的是米海爾六世對軍事問題的輕忽。在突厥人入侵東線與保加利亞地區再起叛亂的情況下，他未能調派有經驗的將領應對，也未妥善管理軍費與補給。軍隊士氣低落，多地邊防形同虛設。尤其是西部軍團對皇帝漠視軍功的態度感到憤怒，遂醞釀政變。

1057 年，由科穆寧家族與其他軍方貴族支持的伊薩克一世（Isaac I Komnenos）在小亞細亞起兵，發動叛亂。米海爾六世對此反應遲緩，試圖透過賄賂與談判安撫叛軍，卻未觸及

根本問題。當伊薩克軍隊逼近君士坦丁堡時，市民與貴族對米海爾已無信心，最終迫使其退位並削髮為僧。

米海爾六世的短暫統治歷時僅一年，卻為帝國帶來巨大的制度性衝擊。他證明了文官專政在軍事危機前的無力與局限，也突顯出皇權若無軍方支持，便無從維繫實質統治。其政權的迅速崩解，使拜占庭再度落入強人政治與軍事干政的輪迴中。

史家對米海爾六世的評價大多否定，認為他是「坐在燃燒王座上的筆吏」，未有野心亦無作為，徒將皇權轉化為形式化儀式的工具。他的即位與敗亡，揭示出拜占庭皇權制度已從內部失去活力，僅憑血統或官職已無法承擔帝國重任。

第三節
尼基弗魯斯三世伯塔奈亞迪斯的篡位

米海爾六世的退位與伊薩克一世的登基，並未從根本上穩定拜占庭帝國的政治秩序。伊薩克·科穆寧試圖進行改革以重整國政，卻遭遇元老院與教會的多方掣肘，最終因健康因素主動退位。其後的幾位短命皇帝輪替，皆無法有效整合軍方與朝政，為軍人干政與政變頻仍埋下伏筆。在這一動盪

第七章　衰敗的回音：宮廷政變與軍閥政治的交織

的背景下，尼基弗魯斯三世・伯塔奈亞迪斯（Nikephoros III Botaneiates）憑藉軍方支持與宮廷聯結，於1078年發動政變，篡奪皇位。

伯塔奈亞迪斯原為安納托力亞地區的資深將領，具備豐富軍事經歷與穩健威望。面對當時執政者米海爾七世・杜卡斯（Michael VII Doukas）在位期間的通貨膨脹與邊疆失控，他成功號召軍方與地方貴族起兵。他以整頓財政與恢復軍制為號召，獲得許多省城支持，並迅速兵臨君士坦丁堡。

儘管米海爾七世嘗試以辭職與退隱換取和平過渡，但政局已難以挽回。尼基弗魯斯二世於民意壓力與軍事威脅交織下，順利入城登基，是為尼基弗魯斯三世。這場政變形式上獲得主教團承認，實則完全由軍方主導，象徵軍權對皇權的完全俯瞰。

登基後，尼基弗魯斯三世採取懷柔策略，封賞支持者、赦免反對派，並向教會捐獻以鞏固宗教正統性。他試圖推動財政與軍政整頓，減少賦稅、重建軍團，但其年事已高，體弱多病，加之缺乏強力內閣與可信繼承人，使其施政陷於空轉。

更重要的是，他所依賴的軍方與貴族集團並未形成穩定的統治聯盟，反而因分贓不均而引發內部爭權。不同軍區將領與地方勢力開始蠢動，政變傳聞頻起，使中央政府長期處於不安定狀態。其統治逐漸由改革期待轉變為維穩與防禦的苟延殘喘。

1079～1081 年間，拜占庭多地爆發軍事叛亂與邊防潰敗，特別是在塞爾柱突厥人壓境與巴爾幹地區動盪並舉的背景下，帝國面臨空前雙重危機。尼基弗魯斯三世無力應對，選擇以金錢安撫敵軍，卻進一步耗盡國庫，並削弱軍隊士氣。

最終，科穆寧家族的阿歷克塞・科穆寧（Alexios I Komnenos）於 1081 年聯合軍方與宮廷發動政變，迫使尼基弗魯斯三世退位並削髮為僧。這場政變雖未造成大規模流血，但意味著由軍事菁英掌控政權的時代正式來臨。

第四節　科穆寧家族的再次崛起

在尼基弗魯斯三世退位後，阿歷克塞一世・科穆寧（Alexios I Komnenos）的登基不僅代表一場宮廷政變的勝利，更揭示拜占庭政治版圖由武將聯盟主導向家族集團控制的根本性轉變。阿歷克塞出身自顯赫軍事世家，科穆寧家族曾短暫掌權於伊薩克一世時期，然彼時改革未竟而倉促退位，如今捲土重來，成為帝國新時代的開端。

阿歷克塞年輕而精明，擁有軍事與外交雙重才能。他上位之初，便明白帝國內外交困，若不迅速整合軍權與財政，則無從挽救頹勢。他首先針對軍政體系動手，設立專責軍團委員，整頓徵兵制度，並削弱各地軍區將領的獨立性，將兵

第七章　衰敗的回音：宮廷政變與軍閥政治的交織

權回收於中央禁衛軍與皇室親軍體系。

其次，他大力鞏固家族統治核心，安排親族擔任各省總督、將領與內閣要職，形成以科穆寧家族為核心的統治網絡。這種做法雖被批評為裙帶關係，卻在實務上確保皇帝政策能有效貫徹於地方，亦有效遏止軍事割據現象的擴張。

面對財政困境，阿歷克塞大膽推動貨幣改革，廢止因通膨而貶值的舊幣，改鑄新金幣（Hyperpyron），重新建立民間與貴族對貨幣體系的信心。此外，他重設國庫管理職位，強化稅收紀律，並強制教會交出部分免稅產業，作為國家財政支柱。

在外交上，他善用靈活聯盟策略，與西方十字軍建立脆弱卻必要的協議，允許其經過拜占庭領土並承諾協助奪回安條克與其他東地區城市。雖然此舉在後世引發宗教與領土主權之爭，但對當時帝國而言無異於緩兵之計。

然而，阿歷克塞的統治並非全然穩定。科穆寧家族的集權作法造成宮廷其他貴族不滿，而對教會財產的徵收更使神職階層感到威脅。雖然他透過與牧首妥協維持表面和諧，但教會對皇權的不信任已日漸加深。

此外，儘管改革初期奏效，但阿歷克塞需面對的是一個結構性失衡的帝國。農村人口流失、小農土地被吞併與邊疆軍隊忠誠鬆動等問題，並非短期軍政改革能完全解決。他雖重建部分秩序，卻仍無法消除帝國從中央向地方離心的趨勢。

阿歷克塞一世的再次崛起，確立了拜占庭進入家族統治的科穆寧王朝階段。他的成功來自整合軍權、強化財政與藉助宗教正統性的多重策略，但這種以家族為軸心的治理模式，亦為後代埋下親族內鬥與繼承爭議的潛在風險。

第五節　將領與宮廷貴族的權爭

阿歷克塞一世·科穆寧雖以強勢姿態登上帝位，重整軍政與財政體系，卻無法完全擺脫拜占庭帝國歷久已深的結構矛盾——將領與宮廷貴族之間的權力競逐。這場對峙不僅反映中央與地方之間的權力重分配，更揭示帝國治理的深層危機：即皇權無法一體兼顧戰略決策與地方管控，只能依附於交錯而鬆散的利益網絡。

阿歷克塞一方面極力鞏固軍事體系，重新賦權於皇室親軍與中央禁衛軍，另一方面則需依賴宮廷貴族協助管理日益龐雜的財政與文官體系。他所推行的集權改革，在初期尚能以家族名望與皇帝威信壓制反對聲音，然而隨著戰事與內部財政壓力增大，兩大權力集團的矛盾愈發難以調和。

首先是將領階層的不滿。他們雖然因參與阿歷克塞的政變有功而獲得高位，但隨著皇帝刻意削弱地方軍事自主，並調動軍隊頻繁以防兵變，許多將領感到權限被削、地位不

第七章　衰敗的回音：宮廷政變與軍閥政治的交織

保。尤其在東線與突厥人對峙期間，將領們要求更多自主指揮權與資源分配，卻遭到宮廷文官系統層層阻撓，引發彼此猜忌。

宮廷貴族則不滿軍方在政策制定中的優勢地位，尤其是阿歷克塞提拔其軍中親族擔任軍政要職，使原有貴族家族——如杜卡斯家族、安格洛斯家族等——政治影響力大幅下降。這種由軍事出身者主導朝政的趨勢，被視為對拜占庭長期文官治理傳統的威脅。

此外，科穆寧家族內部亦非鐵板一塊，阿歷克塞雖以家族治理為基礎，卻難以平衡各支系與姻親勢力。部分親族將領逐漸養成獨立勢力，並與其他貴族暗中聯合，形成政治與軍事上的雙重挑戰。君士坦丁堡宮廷遂成為一個權謀運作頻繁的博弈場，時有流言、密謀、暗殺之風傳出。

阿歷克塞為平衡兩方，採取妥協策略：一方面加強對軍方的封賞與榮典，使其保持對皇室的名義效忠；一方面亦賦予貴族更多象徵性職位與土地回饋，以換取短期支持。然而這些舉措未能從制度上解決問題，反而使政權愈加依賴人身關係與皇帝個人魅力來維持穩定。

當阿歷克塞年事漸高，其兒子與其他將領間的繼承爭議浮現，更加劇軍政菁英的不安定感。此時的帝國雖名義上統一，實際上各地軍區與貴族莊園自成一格，皇權如同網狀結構中心，既要維繫四方平衡，又難以集中資源與決策。

第六節　軍閥化的邊防體系

在阿歷克塞一世建立的權力網絡逐漸鬆動之際，帝國邊疆的軍事體系也開始發生質變，呈現出日益軍閥化的趨勢。拜占庭自馬其頓王朝以來雖有意重建中央集權軍隊，但長期的戰爭、地方軍區擴張與財政困窘，使得邊防逐漸由中央軍轉化為由地方將領主導的半自治軍事結構。

阿歷克塞一世為因應突厥人與諾曼人等外敵威脅，賦予邊防將領更大指揮權與徵兵、徵稅自主權，試圖以彈性治理換取邊區穩定。這些將領多出自軍功顯赫之家，與當地貴族通婚或結盟，形成深根地固的勢力圈，對中央政令的服從日漸形式化。

這種軍閥化現象，在安納托力亞（小亞細亞）與色雷斯尤為明顯。當地軍區將領如巴西拉基奧斯（Basilakios）等，幾乎建立起自給自足的行政機構，對中央僅象徵性納稅，甚至在物資調配與軍隊調動上對皇命有所抗拒。地方軍隊對將領個人效忠超越對皇帝的忠誠，導致軍紀與皇權逐步瓦解。

此外，軍事資源分配亦出現嚴重不均。部分邊區將領控制土地與農村勞力，能自行訓練士兵並擁有私人工兵，而東線或北線部分地區卻因中央撥款不足而無兵可用。這使帝國在面對多線作戰時常陷入調度遲緩與兵源不足的困局。

第七章　衰敗的回音：宮廷政變與軍閥政治的交織

　　為因應軍閥獨立問題，阿歷克塞一世晚年試圖以封官與聯姻手段馴服地方將領，卻反而助長了軍閥世襲化趨勢。許多軍區職位開始由將領子嗣繼任，並形塑成類似封建莊園般的半獨立政權。中央雖尚能透過人事更換維持表面秩序，但實質控制力已明顯流失。

　　這種邊防體系的變異，也反映在軍紀崩潰與貪腐頻傳。許多地方軍事稅收被將領私吞，部隊出征時補給無著，造成士兵士氣低落、逃兵四起。尤有甚者，部分將領在外敵入侵時選擇中立觀望，甚至與敵軍祕密通商，將國防變成私人利益的籌碼。

　　中央政府對此現象束手無策。阿歷克塞一世逝世後，其子約翰二世試圖整頓邊防體系，但已難逆轉軍閥體制的成形。皇帝所能依賴的，只有部分仍效忠皇室的禁衛軍與宮廷衛隊，面對廣袤邊疆與分崩離析的軍政結構，力不從心。

第七節　皇權象徵的空洞化

　　拜占庭帝國在阿歷克塞一世改革後的短暫穩定期，並未能阻止皇權本身的象徵性滑向虛無。隨著軍閥坐大、貴族集團壟斷國政與財政壓力持續加劇，皇帝雖仍高踞君士坦丁堡聖索菲亞大殿的御座，卻早已失去真正決策與統御的能力。

第七節　皇權象徵的空洞化

皇權從實質治理者退化為儀式化象徵，是帝國崩解過程中最鮮明的徵兆之一。

皇帝原本是軍政宗三合一的中心人物，其詔令具有神授性質。但自十一世紀後半起，皇帝的命令越來越依賴貴族內閣與地方軍閥的背書，否則形同空文。尤其在科穆寧王朝後期，皇帝往往須仰賴家族網絡與軍功將領的忠誠才能維持統治，導致皇室本身陷入政治依附的困境。

君士坦丁堡的儀典雖仍奢華：加冕、聖像遊行、主教祝聖、皇宮晚宴一應俱全，然這些禮儀多淪為表演，無法掩蓋帝國核心權力分散的事實。文獻記載，十二世紀中葉，一名元老院成員曾評論：「皇帝如同祭司，主持儀式卻不握劍柄。」這種現象折射出，皇位雖未廢止，卻喪失了治理真實性。

象徵性皇權的空洞化，也展現在皇室與軍隊關係上。皇帝無力約束軍閥，反而需透過封賞土地、聯姻與貴族妥協才能確保政權不被推翻。這種政治交換機制，轉移了決策核心，將軍事與財政權交由地方勢力掌控，中央僅剩儀式上的統領地位。

更嚴峻的是，教會對皇權的尊崇也日益走向形式主義。儘管皇帝仍擁有任命牧首的名義權力，但教會實際運作多由主教團掌握，與皇室政治保持距離。宗教典禮中的皇帝角色，愈來愈像一個神聖劇場中的演員，其象徵功能早已無法動員民間信仰或政治忠誠。

第七章　衰敗的回音：宮廷政變與軍閥政治的交織

　　皇室內部也反映出象徵性危機的惡化。繼承體系混亂，宮廷鬥爭頻繁，皇帝經常依靠將軍與內廷勢力支持才能上位或維權。若無強力家族背景或軍方支持，皇位即成為任人爭奪的虛位。皇權的名存實亡，不僅削弱皇帝自身威望，也使整體國家治理陷入權力無所歸屬的漂浮狀態。

　　儘管科穆寧王朝嘗試透過文化復興與宮廷建設強化皇室光環，如贊助史學、哲學與神學活動，修建教堂與宮殿，但這些文化工程更多是在掩飾政治失能的缺口。帝國晚期的皇帝逐漸成為文學的贊助者與建築的倡導者，而非軍事與政治的主導者。

第八節　內憂外患交迫的多重危機

　　在象徵性皇權逐漸空洞化的同時，拜占庭帝國亦陷入內憂與外患交織的深重危機。此一時期的君士坦丁堡雖仍維持表面上的宮廷秩序與都市繁華，然帝國整體已面臨社會分層斷裂、軍政體制失衡、財政枯竭以及外交孤立等多重壓力，成為一個看似穩固實則岌岌可危的政治實體。

　　首先在內部，貴族階層壟斷土地與政治權力，使得大量農民流失土地淪為佃農甚至乞丐，社會流動性與階層穩定性大幅衰退。中央政府因稅基萎縮而難以維持有效財政，遂對小農與城市平民加重稅賦，引發怨聲載道。這種經濟性剝

第八節　內憂外患交迫的多重危機

奪，導致基層社會對皇權產生日益疏離甚至敵對情緒。

而在軍事體制方面，軍閥化的邊防結構使中央失去對帝國廣大領土的實質控制力。地方將領往往將自身權益置於國家利益之前，對中央軍令陽奉陰違，甚至與外敵暗通款曲。邊疆防線日漸鬆動，使敵對勢力得以長驅直入，而帝國首都對此反應遲緩，形同夢中囈語。

此外，宮廷內鬥與繼承紛爭使皇權長期處於不穩定狀態。多位皇帝上位過程倚賴軍事政變或家族聯盟，而非制度化程序，導致政權合法性普遍受到質疑。每一次政變都伴隨大量資源重分配與人事洗牌，不僅打擊行政效率，也使外敵察覺內虛而伺機而動。

對外方面，拜占庭失去了對歐洲西方世界的主導地位。十字軍東征表面上是宗教同盟，實則揭示拜占庭在基督教世界的邊緣化。西歐封建君主與教廷逐步排除拜占庭的話語權，視其為東方異端王國。第一與第二次十字軍東征期間，西方軍隊橫越拜占庭領土，表面服從、實則蔑視拜占庭皇帝，甚至導致數次外交衝突與領土損失。

更甚者，東方的突厥人與阿拉伯勢力則持續侵擾安納托力亞，使帝國難以集中軍力與資源應對單一戰線。這種東西兩線作戰的局面，嚴重耗損財政與兵源，加劇國內貧困與民心動搖。拜占庭不僅在軍事上逐步失利，也在心理與文化層面失去信心。

■第七章　衰敗的回音：宮廷政變與軍閥政治的交織

　　此外，自然災害與疫病也在此時層出不窮，加劇民眾苦難。城市中糧價暴漲，地方饑荒蔓延，盜匪蜂起，皇室卻無力進行大規模賑災或社會救援，致使皇權威信每況愈下。當國家最需要凝聚力與統籌能力時，皇帝卻僅能依賴形式化的宮廷儀式與象徵性公告維持統治。

第九節　教會對皇權的妥協與掣肘

　　自拜占庭帝國建立以來，教會即為皇權統治的重要支柱，其在宗教儀式、社會治理與文化建構上，扮演著無可取代的角色。然而，隨著帝國政局日益紊亂與皇權衰微，教會對皇室的支持也轉為日趨謹慎與策略性。在第十一至十二世紀間，皇權與教會之間的關係不再是單一線性從屬，而是一場充滿妥協與掣肘的政治角力。

　　皇帝雖然名義上仍掌握任命君士坦丁堡牧首的權力，並透過宗教儀式強化其神授正統性，但實際上，教會對皇權的支持日益附帶條件。主教團與修道院在多數情況下，只在皇帝願意保障教會財產、容忍宗教自治的前提下，才會提供公開背書與牧首配合。這種條件性支持，使皇帝在許多政策推行上不得不向教會妥協。

第九節　教會對皇權的妥協與掣肘

　　尤其當帝國面臨財政困窘之際，歷代皇帝常試圖徵收教會土地稅或侵占修道院產業以補國用，卻遭到教會激烈反對。教會動輒以詛咒與斷絕聖禮相要脅，令皇帝投鼠忌器。當皇權尚存軍事與行政優勢時，尚能壓制反對聲音；但當皇帝失去軍方支持、朝政混亂時，教會常反過來成為主導輿論與抵制政策的最大力量。

　　不僅如此，教會內部的菁英階層亦逐漸與貴族結合，形成類似世襲的神職網絡。他們不僅主導修道院經濟，更透過書寫與布道掌握思想控制權，使皇權在文化與知識領域無法取得優勢。皇帝若無法與教會達成協議，即便合法即位，也難以獲得廣泛承認。

　　宗教上的分裂也加劇了此種掣肘關係。1054 年的東西教會大分裂，使拜占庭教會與羅馬教廷徹底決裂，帝國失去與西方基督教國家在宗教上的連結與共識。自此之後，教會更加重視本地自主，反對皇帝以國家安全為由介入教義或儀式規範，導致政教對立日益升高。

　　然而，教會雖能掣肘皇權，卻亦無意取而代之。其關注焦點仍集中於保護自身資產、維繫信徒穩定與維護聖職系統的權威。這種對政治既介入又保持距離的態度，使帝國治理陷入一種權責不清、利益分裂的局面。

　　皇帝為了籠絡教會，常以贈地、資助修道院建設或提升主教地位為手段，試圖換取牧首配合。然而這些交易實際上

■第七章　衰敗的回音：宮廷政變與軍閥政治的交織

不過是維持表面和諧的臨時妥協，一旦政局逆轉或皇帝失勢，教會即可能迅速倒向新的權力中心。

第十節　帝國中心的名存實亡

在拜占庭帝國歷經軍政衰敗、皇權空洞與政教分裂等多重危機後，其所謂「帝國中心」——君士坦丁堡與皇權體系的象徵，逐步演變為一種徒具形式的象徵機構。十二世紀後期的君士坦丁堡，雖仍擁有精美的聖索菲亞大教堂、恢宏的布拉赫奈宮與密集的商業市集，但這些繁華建築與儀式性政治生活，早已無法掩飾帝國主體結構的崩壞與失能。

首先，中央政權對地方的實質控制幾近喪失。各地軍閥與貴族世襲領主根本不再聽命於皇帝詔令，君士坦丁堡所發出的命令與制度改革，多淪為文件文字，難以落實於邊區與農村。即便中央尚能徵調部分軍隊，但這些兵力往往效忠於將領個人，而非皇權本身，導致「中央」僅在儀式性場域存在。

其次，皇帝的形象逐漸淪為禮儀符號。歷代皇帝雖仍進行加冕、出巡、主持宗教大典，甚至贊助文學與神學活動，以維持「萬王之王」的光環，但民眾與官員早已普遍認為皇帝只是權力遊戲中的「其中一環」。真正的實權往往由軍事聯

盟、貴族聯邦甚至主教團體掌握。

第三，國庫日益枯竭，使皇帝無法維繫基本的治理功能。軍隊薪餉拖延、基建停滯、賑災無能，導致人民對政府喪失信任。城市貧民大量湧入君士坦丁堡，造成治安惡化與糧食危機。皇帝雖試圖透過貨幣貶值與貴族捐輸應對，卻反而激化貴族逃稅與資產轉移，使國政進一步空轉。

教會雖仍承認皇帝的名義統治，但實際運作中多依靠自我管理與內部決策。牧首與主教更傾向於與地方貴族合作，以保教會資產與信仰影響力，對皇室政策常採取觀望或拖延戰術。這種「虛位共治」的體制，使皇帝即使在名義上仍居於治理高位，卻早已被削去實際決策權。

帝國中心的名存實亡，最終展現在 1204 年的第四次十字軍攻陷君士坦丁堡。這場災難不僅象徵皇權的崩潰，更揭示帝國中心對外無防、對內無實的荒謬結構。城牆未能抵禦外軍，宮廷貴族分崩離析，宗教與軍政機構無力協調聯防，整個帝國的榮光，在短短幾日內化為灰燼。

第七章　衰敗的回音：宮廷政變與軍閥政治的交織

第八章
邊境烽火與十字軍干政：
東西世界的衝撞

第八章　邊境烽火與十字軍干政：東西世界的衝撞

第一節　塞爾柱土耳其人的興起

十一世紀的亞洲西部是一場文明交鋒與地緣重塑的戰場，拜占庭帝國正面臨自阿拉伯勢力衰退以來最為深刻的轉型與挑戰。這個新興威脅來自東方草原，一支原屬突厥語系遊牧部族的軍政聯盟——塞爾柱土耳其人。他們以伊斯蘭教為精神動力，以鐵騎征服為進軍方式，自中亞橫掃而來，不僅改寫穆斯林世界的權力地圖，更成為拜占庭東部邊疆日後潰敗的催化劑。

塞爾柱家族的興起始於十世紀中葉，其祖先原居於今天哈薩克斯坦與烏茲別克一帶。根據伊本・艾西爾等中世紀伊斯蘭史家的記載，塞爾柱本為古茲和烏古斯土耳其部族聯盟中的一支，其後裔圖赫里勒・貝格（Tughril Beg）在十世紀末期迅速崛起，於西元1055年成功進入巴格達，受阿拔斯哈里發冊封為「蘇丹」。這一政治舉措不僅賦予塞爾柱統治的宗教合法性，也象徵著伊斯蘭世界自此進入突厥人主導的時代。

塞爾柱土耳其人的興起與中亞草原民族的傳統有所不同。他們不像匈奴或阿瓦爾人僅止於劫掠與騷擾，而是在與伊斯蘭文化的結合下，逐漸轉型為建構性政權，發展出中央政體、文官體系與法學傳統。這種融合在伊朗與伊拉克地區迅速取得基礎，使塞爾柱蘇丹們能以政教合一的權威，逐步向西擴張。

第一節　塞爾柱土耳其人的興起

　　這場崛起對拜占庭而言，意義非同小可。塞爾柱土耳其人不僅占據波斯地區，並逐步推進至亞美尼亞與高加索山區，開始與拜占庭在安納托力亞東部發生接觸。帝國長年倚重的軍區制度與邊防村落開始崩解，當地軍事將領因皇權衰微而陷入自保狀態。拜占庭對於新興的伊斯蘭政權並無統一應對策略，皇室的注意力仍集中於與西方的聯姻與內部繼承問題，對於東部的急遽情勢顯得措手不及。

　　圖赫里勒·貝格死後，其姪子阿爾普·阿爾斯蘭（Alp Arslan）繼位，這位被史家稱為「英勇的雄獅」的君主，不僅延續了征戰的政策，更進一步以軍事擴張為基礎鞏固自身地位。阿爾普·阿爾斯蘭在位期間，曾發動多次深入安納托力亞的騷擾與試探性遠征。根據拜占庭史家米海爾·普塞洛斯（Michael Psellos）的記載，這些突襲往往快速、殘酷，地方城市來不及防禦便遭洗劫。帝國東部邊境因此陷入持續動盪，農村被廢，稅收中斷，人口大量遷徙，這對帝國的糧食與兵源供給形成巨大壓力。

　　阿爾普·阿爾斯蘭對於軍事的重視不僅展現在前線攻勢，他在政治架構上的調整也強化了塞爾柱帝國的統治力。他任命賽義德·尼札姆·穆勒克（Nizam al-Mulk）為大維齊爾，建立以官僚體系為骨幹的治理模式，並推動馬德拉薩（宗教學校）制度，企圖透過伊斯蘭正統學派的教育來整合多元族群，穩固政權的合法性。這種做法雖然為統治打下基礎，卻

第八章　邊境烽火與十字軍干政：東西世界的衝撞

也讓塞爾柱帝國與拜占庭在宗教與文化上產生根本對立。

面對這股突厥風暴，君士坦丁十世·杜卡斯（Constantine X Doukas）並未展現有效軍事回應。由於其偏重文人與宮廷內政，加上財政拮据與軍費削減，導致軍隊士氣低落，缺乏防衛安納托力亞的能力。東部軍隊多數為招募傭兵或地方自衛軍，難以形成有效防線。這種情勢使得塞爾柱人在未遭遇正規抵抗下，迅速鞏固其西進路線，並逐漸將目標鎖定帝國核心地帶。

塞爾柱土耳其人的進攻不僅是一場軍事壓力，也是一場宗教與文化上的交鋒。他們將遜尼派伊斯蘭視為維護秩序與政權正統的依據，與拜占庭所代表的東正教基督信仰形成鮮明對照。拜占庭原已因與羅馬教廷的決裂而內部信仰困局重重，如今面對一支既具宗教意識形態又擅戰鬥技巧的新興政權，其處境更顯孤立與脆弱。

更重要的是，塞爾柱的興起打破了穆斯林與基督徒世界之間長期維持的邊界穩定。伊斯蘭勢力過往以阿拉伯半島與敘利亞為核心，與拜占庭形成相對明確的戰略緩衝帶；而塞爾柱的崛起則將戰線推入安納托力亞核心地區，首度使帝國本土面臨直接威脅。此種地緣震盪讓拜占庭再無迴避餘地，只能選擇正面迎戰。

回顧塞爾柱土耳其人從草原遷徙至波斯，繼而成為安納托力亞的主宰，其背後的邏輯正是遊牧文化與征服神學的結

合。他們既是帝國解體縫隙中鑽出的戰略操作者，也是中亞草原與中東秩序交界處的改寫者。其興起不僅動搖拜占庭東部防線，更深刻地改變地中海東部的權力格局。

　　塞爾柱的到來，意味著東羅馬的邊疆不再只是過去的薩珊與阿拉伯舊敵，而是面對一支更為靈活、軍政結構更現代化的突厥帝國。這場新舊秩序的交會，為接下來曼齊克特戰役的爆發埋下伏筆，也揭開拜占庭進入邊疆潰圍與帝國重構新時期的序幕。

　　在歷史的長河中，塞爾柱土耳其人的興起可被視為一場文明轉向的預演。他們的軍事鋒芒雖在十一世紀初達到高峰，但其所建構的制度與影響力卻為後來的奧斯曼帝國鋪路。正因如此，拜占庭面對的並非一時之敵，而是一場長期的東西制度角力，一場牽動歐亞板塊的文明碰撞。而在這場碰撞的序章中，塞爾柱的步伐已讓帝國的命運悄然轉折。

第二節　曼齊克特戰役與安納托力亞之失

　　西元 1071 年，對拜占庭帝國而言，是劃時代的一年；這一年不僅象徵著帝國東部防線的崩潰，也成為安納托力亞喪失主權的轉捩點。發生在亞美尼亞高地的曼齊克特戰役（Battle of Manzikert），不只是一場軍事上的失利，更是一場

第八章　邊境烽火與十字軍干政：東西世界的衝撞

帝國秩序與自信的瓦解。這場戰役的結果，深遠地改變了拜占庭的地理結構、族群組成與國家命運，堪稱帝國從盛轉衰的重要轉折點。

此戰的背景可追溯至皇帝羅曼努斯四世·戴奧真尼斯（Romanos IV Diogenes）上臺後，試圖恢復帝國對東部邊疆的掌控。羅曼努斯出身軍事貴族，深知安納托力亞失控對帝國長期安全的威脅。他上臺後積極整頓軍隊，重啟大規模徵兵與訓練，並於 1071 年春親率大軍遠征東部，企圖奪回被塞爾柱人侵占的堡壘與城市。

羅曼努斯四世的遠征軍約由四萬人組成，兵源包含西方傭兵、亞美尼亞軍團、土著部隊與帝國禁衛軍。然而，部隊內部族群複雜、語言不通、紀律鬆散，加上皇帝在西方宮廷中面臨激烈的政治對手，使得軍隊未能如預期凝聚成穩固戰力。這支軍隊雖人數可觀，但其實潛藏著深刻的不穩定性。

與之對峙的，是由塞爾柱蘇丹阿爾普·阿爾斯蘭（Alp Arslan）所率領的部隊。阿爾斯蘭原本正在對抗中亞的法提馬派軍隊，得知拜占庭軍隊逼近後，迅速轉向，採取機動反擊策略。根據伊朗史家阿塔馬里克·志費尼（Ata-Malik Ju-vayni）的記載，塞爾柱軍以驍勇善戰的突厥騎兵為主力，擅長機動圍攻與假撤誘敵等戰術，能在崎嶇地形中迅速轉換隊形，遠勝拜占庭的步兵作戰編制。

第二節　曼齊克特戰役與安納托力亞之失

　　雙方於曼齊克特附近相遇，地形開闊但丘陵錯落，對騎兵靈活運用大為有利。羅曼努斯四世原預期迅速壓制敵軍主力，但未料塞爾柱人故意退避誘敵深入，在戰場安排上採用「新月形包圍」，逐步拉長拜占庭軍隊戰線。戰鬥當日下午，拜占庭軍前鋒雖短暫壓制敵軍，但後方補給與側翼接連遭襲，導致全軍混亂。

　　更嚴重的是，拜占庭內部的政治分裂在此戰爆發。主帥之一的安德洛尼卡・杜卡斯（Andronikos Doukas）原本就對皇帝不滿，在戰場關鍵時刻擅自率部撤退，導致整體軍陣崩解。皇帝羅曼努斯雖奮力指揮，仍被敵軍包圍，最終被俘虜，成為拜占庭歷史上少見的「皇帝戰俘」事件。

　　此戰失敗的後果遠超軍事本身。首先是安納托力亞內部的軍政秩序瞬間崩潰。拜占庭原本設於東部的軍區制度難以維繫，原居於當地的希臘農民與亞美尼亞社群大批逃離，遷徙至愛琴海沿岸或巴爾幹地區。此舉造成安納托力亞中心地帶的空心化，為塞爾柱人進一步遷移、定居與建政提供機會。

　　其次，是帝國中央權力的瓦解。羅曼努斯雖於戰後與蘇丹簽署寬容條約、被釋返回國，但早已失去軍方與宮廷的支持。他回到君士坦丁堡後即被政敵逮捕、處刑，宮廷再度陷入內鬥，皇權空轉，軍政體系失控。塞爾柱軍趁勢再度進逼，甚至短暫控制尼西亞與愛琴海內陸地區，使帝國的地中海防線幾近瓦解。

第八章　邊境烽火與十字軍干政：東西世界的衝撞

曼齊克特戰役的象徵性甚至超越地緣層面，它動搖了拜占庭帝國對自我安全與優越感的認知。在此之前，拜占庭始終相信羅馬的正統性與希臘的文明遺產足以穩定邊疆，但此次戰敗證明制度、軍備與統治方式皆已過時。特別是在戰略部署與內部政爭上，拜占庭再也無法掩飾其失效的政治結構與軍政失衡。

對塞爾柱而言，此役為其開啟安納托力亞殖民的序幕。儘管阿爾普・阿爾斯蘭本人並未徹底征服拜占庭領土，但戰後大量突厥部族南移定居，逐步構成「魯姆蘇丹國」（Sultanate of Rum）。此政權以伊康尼翁（今土耳其科尼亞）為首都，成為塞爾柱文化與伊斯蘭宗教的橋頭堡，正式改寫安納托力亞的族群與信仰版圖。

戰後的安納托力亞，逐漸失去作為希臘文化堡壘的角色。原有的拜占庭語言、宗教與法律體系，在鄉村地區迅速被突厥伊斯蘭文化取代，許多地方教堂改為清真寺，基督徒人口被迫改信或遷徙，社會結構出現劇烈斷裂。這不僅是領土的喪失，更是文化版圖的崩塌。

歷史學者克勞德・卡恩（Claude Cahen）指出，曼齊克特戰役的失敗象徵著拜占庭從地中海主導權的主角，轉變為巴爾幹半島的地方政權。這場戰爭的後續，不僅造就安納托力亞伊斯蘭化，也間接促成後來西歐十字軍的發動。因為東方基督教文明遭受重擊，西方教會遂以「援救東方兄弟」為名

義,逐步介入中東事務,開啟長達兩世紀的十字軍東征。

總體而言,曼齊克特戰役不僅是拜占庭軍事史上的重大挫敗,更是一場文明位移的開端。它揭示一個帝國如何在制度老化與內部分裂中無力應對外敵挑戰,也映照出十一世紀後期歐亞秩序的重新洗牌。在戰場上敗北的,不僅是拜占庭的軍隊,更是其維持千年的東地中海霸權。

第三節　君士坦丁堡與十字軍的微妙關係

十一世紀末,十字軍東征的號角響起,改變了地中海世界的權力結構與宗教版圖。然而在史學視野中,西歐十字軍與東方拜占庭帝國之間的關係,並非如表面所見的「基督徒聯盟」那般單純。實則,君士坦丁堡與十字軍之間的互動,是一場矛盾交織的歷史劇碼:盟友與猜忌並存,援助與掠奪難分。這段微妙關係,從第一次十字軍東征初期便已悄然展開,其後更逐漸演化為日後拉丁帝國建立的伏筆。

拜占庭帝國在曼齊克特戰敗後失去大片東部領土,帝國不僅面臨軍政崩潰的危機,也深感伊斯蘭勢力壓力難以獨力承擔。皇帝阿歷克修一世·科穆寧(Alexios I Komnenos)因此於1095年向西方請求軍事支援。他派遣使節赴比薩與羅馬,向時任教宗烏爾班二世(Urban II)陳情,希望西歐騎士能協

173

第八章　邊境烽火與十字軍干政：東西世界的衝撞

助收復安納托力亞的失土。這項舉措實為戰略性的外交操作——表面上訴諸基督教兄弟情誼，實則試圖重建拜占庭的軍事控制與宗教影響力。

然而，當烏爾班二世於克萊蒙宗教會議（Council of Clermont）發出「援救聖地」的號召時，其立意與拜占庭大相逕庭。教宗訴諸的並非支持東方帝國，而是將聖城耶路撒冷納入西方信仰視野中，藉由號召十字軍擴大羅馬教會的宗教版圖。這種觀點差異，在十字軍抵達君士坦丁堡時便產生明顯衝突。

第一次十字軍於1096年至1097年間陸續抵達君士坦丁堡，其軍隊成員來自法蘭西、諾曼第、德意志與義大利等地，彼此語言不通、指揮分裂，卻皆對「東方的富庶」抱持幻想。拜占庭皇帝阿歷克修一世對此倍感壓力，為了防止軍紀敗壞與城市失控，他要求各支十字軍領袖宣誓效忠，並承諾戰果須歸還帝國。他更安排統一指揮，將十字軍導向小亞細亞，以收復帝國舊地為目標。

這項安排雖在短期內奏效，使十字軍幫助拜占庭收復尼西亞與安條克等地，卻也埋下權力矛盾的種子。許多十字軍領袖對「宣誓歸還」制度心存不滿，認為自己冒險遠征卻無法掌握戰利品，甚至質疑拜占庭是否有能力長期保衛收復之地。這些不信任情緒在十字軍內部持續發酵。

第三節　君士坦丁堡與十字軍的微妙關係

十字軍在征服耶路撒冷後未將之交給拜占庭，而是在 1099 年建立了由戈弗雷（Godfrey of Bouillon）領導的耶路撒冷王國。這直接違背與阿歷克修一世的協議，形同西方基督教勢力於東方獨立插旗。拜占庭帝國對此無力阻止，只能在外交上保持表面友好，實際上則逐漸對十字軍戒心加深。

後續的十字軍更進一步暴露西東雙方的信任裂痕。第二次與第三次十字軍的路線安排中，部分軍隊繞過君士坦丁堡而行，意圖避免與拜占庭正面接觸。尤其在第三次東征中，神聖羅馬皇帝腓特烈一世（Frederick Barbarossa）與拜占庭幾乎爆發戰爭，其軍隊強行穿越巴爾幹，引起帝國的強烈警戒。

拜占庭人民對十字軍的印象，也由最初的「西方援軍」逐漸轉變為「貪婪掠奪者」。西歐士兵在穿越東方過程中，時常劫掠村莊、侵犯當地居民，導致社會秩序混亂。史家安娜·科穆寧（Anna Komnene）於其所著《阿歷克塞傳》中，更直接批評十字軍行為失禮，視其為潛在敵人而非盟友。

宗教上的分歧也未能因共同敵人而消弭。1054 年的東西教會大分裂依舊深刻影響兩者互動。西方教士在東征過程中時常強行介入東正教地區，試圖改造禮儀與主教任命，引發當地教士反彈。這種宗教上的文化侵略，使拜占庭在信仰上更為防衛，認為西方教會不僅是政治盟友，更可能是精神殖民的實施者。

第八章　邊境烽火與十字軍干政：東西世界的衝撞

從十字軍與拜占庭帝國的互動中，我們看到一場被神聖外衣包裝的地緣政治爭奪。十字軍對東方的幻想與貪婪，使其逐步脫離初衷，而拜占庭對軍事協助的依賴，也讓其喪失對東部邊疆的主動權。雙方關係雖在表面維持盟友身分，實則早已裂痕斑斑，最終導致第四次十字軍直接攻陷君士坦丁堡，將這段微妙而破碎的同盟推入歷史的終點。

第四節　西歐干涉與拉丁帝國的成立

1204 年春天，君士坦丁堡上空燃起的火焰，不僅燒毀了世界上最繁華的城市之一，也焚毀了拜占庭帝國作為羅馬繼承者的千年尊嚴。這場災難並非由伊斯蘭大軍所發動，而是源自曾自稱「基督教兄弟」的西歐十字軍。在第四次十字軍東征中，西歐的軍事干涉徹底改變了拜占庭的命運。拉丁帝國的成立，不僅象徵拜占庭帝國政權的崩潰，也昭示東西教會裂痕的無法修補，成為中世紀最嚴重的基督教內戰之一。

第四次十字軍原始目標為埃及，企圖從穆斯林手中奪回聖地，但由於資金短缺與貴族間的內鬥，整場東征自起點即陷入混亂。法國與義大利諸侯無力支付船費，迫使十字軍接受威尼斯的提議，轉而攻打基督教城邦札拉（今克羅埃西亞札達爾），以作為船資交換。此舉即遭教宗依諾增爵三世譴責，

第四節　西歐干涉與拉丁帝國的成立

但未能阻止十字軍脫離宗教初衷，最終轉向對拜占庭的野心。

拜占庭皇族內部權鬥成為這場軍事轉向的契機。失勢的伊薩克二世・安格洛斯（Isaac II Angelos）之子阿歷克修四世向十字軍求援，承諾若能協助其父復位，將支付大量金錢、供應軍糧、促使東西教會合一，甚至派兵協助十字軍攻打穆斯林。十字軍諸侯因此被說服，並於 1203 年抵達君士坦丁堡，順利扶植伊薩克二世與阿歷克修四世共治。

但承諾遠遠超出拜占庭皇室的財政能力，加上十字軍駐紮於城外、紀律敗壞，引發市民強烈不滿與暴動。1204 年初，宮廷政變爆發，阿歷克修四世被殺，篡位者阿歷克修五世拒絕履行舊約。十字軍於是決定攻城，並於 4 月 12 日發動猛攻，在幾日之內攻陷君士坦丁堡。

城破之後，屠城與劫掠肆虐三日，連聖索菲亞大教堂亦未能倖免。十字軍不分貴賤，洗劫教堂、摧毀藝術珍品、強姦平民，留下西歐文明史上難以洗刷的恥辱。根據教宗特使描述，君士坦丁堡在劫後宛如鬼城，連東方教會最神聖的遺物亦被運往威尼斯與巴黎。

十字軍在廢墟上建立了拉丁帝國，由佛蘭德的鮑德溫一世（Baldwin I）登基為皇，並在拜占庭原有的行政體系上強行嵌入西歐封建制度，意圖重塑一個「西方化」的東羅馬帝國。但拉丁帝國缺乏地方基礎與宗教認同，其統治覆蓋僅限於色

第八章　邊境烽火與十字軍干政：東西世界的衝撞

雷斯與愛琴海沿岸，內陸多由希臘貴族建立自立政權，如伊庇魯斯專制國與特拉比松帝國。

宗教層面更出現全面斷裂。羅馬教會派遣拉丁主教取代東正教主教，強迫東方教會接受西方禮儀，導致神職人員與信徒集體抗拒，東正教信仰遂轉入地下，地方修道院成為保存傳統的最後堡壘。拜占庭文化在軍事征服下遭受壓迫，其語言、典禮與教育制度被迫讓位於法語與拉丁語體系。

然而，拉丁帝國的統治從一開始便岌岌可危。除面對本地希臘人反抗外，保加利亞與塞爾維亞也趁勢擴張。1205年，拉丁皇帝鮑德溫一世在哈德良堡戰役中敗於保加利亞沙皇卡洛揚，被俘後不久即死於囚禁。此戰象徵拉丁帝國由盛轉衰的開始。

西歐對拉丁帝國的支持也不如預期。法蘭西與德意志貴族對偏遠的東方政權熱情有限，義大利城邦雖經濟獲益，但無意長期軍事駐紮。拉丁帝國在後繼者們接連短命或軟弱下，逐步喪失土地與民心，最終於 1261 年被尼西亞帝國收復君士坦丁堡而滅亡。

拉丁帝國的興衰告訴我們，外來政權若缺乏文化認同與社會根基，即使軍事再強亦難以穩固。十字軍原本以拯救信仰為名，最終卻成為帝國文明破壞者，其自詡為正統的嘗試反暴露其對東方文化的無知與傲慢。

第五節　1204年的淪陷與拜占庭的撕裂

　　1204年的君士坦丁堡陷落，是拜占庭歷史上的斷裂點，也是一場文明自我瓦解的劇變。這場由西方十字軍所主導的攻城，不僅摧毀了帝國的首都，也象徵羅馬帝國一千多年傳統的瞬間崩潰。不同於以往由外敵導致的戰敗，這次淪陷源於基督教世界內部的權力鬥爭與文化誤解，更深一層的，是東西方信仰與統治模式的根本分歧。

　　君士坦丁堡的陷落，為拜占庭社會帶來無法計量的創傷。首先是城市物質層面的毀滅。根據當時的記載與後世學者如史蒂芬·朗西曼（Steven Runciman）所述，十字軍進城後三日大肆掠奪，不僅皇宮、教堂、圖書館遭洗劫焚毀，許多無價的手稿、聖像、聖骨與藝術品皆流落至威尼斯、巴黎與其他西歐地區。歷代皇帝精心收藏的古典文學與哲學著作多遭燒毀，象徵希臘羅馬精神傳承的文化軸心就此斷裂。

　　其次，是政治架構的徹底崩潰。拉丁帝國取代拜占庭政權後，原有的行政官僚系統被強行解構，希臘裔貴族遭清洗或流亡，取而代之的是法蘭克與義大利諸侯體系。許多地方軍區的防線因統治真空而瓦解，導致帝國東部與巴爾幹邊境暴露於保加利亞與突厥軍隊的威脅之下。這不僅改變了軍事均勢，也徹底摧毀了拜占庭原有的區域平衡。

第八章　邊境烽火與十字軍干政：東西世界的衝撞

更深層的是文化與宗教的撕裂。十字軍入主後，羅馬教廷試圖將東正教整合入天主教體系，派遣拉丁主教接管教區，強迫推行拉丁禮儀。這種粗暴介入不僅激起教會人士的反抗，也引發平民的不滿與抗爭。許多修道院被迫關閉，神職人員逃入鄉間或前往尼西亞與特拉比松等地避難。教會失去自主，成為政治擴張的工具。

在社會層面，希臘居民面臨前所未有的身分危機。他們既非穆斯林，又不被視為西方基督徒的同胞，成為統治者眼中的二等臣民。語言、教育、司法體系悉數遭到拉丁化壓制，傳統的羅馬法與希臘文化教育被排斥，甚至禁止。這導致知識階層大量出走，拜占庭成為文化真空區。

宗教儀式的轉變亦造成信仰斷裂。許多市民拒絕參加拉丁主持的彌撒，甚至祕密舉行東正教禮儀，這種「地下信仰」在外表穩定的社會底層中醞釀出強烈不滿。修道院在此時轉化為信仰與文化抵抗的堡壘，成為保存拜占庭語言、禮儀與歷史記憶的核心場所。

更令人感到悲痛的是，1204 年的淪陷讓拜占庭人對於「羅馬身分」的自我認同產生裂痕。自君士坦丁大帝建立君士坦丁堡以來，拜占庭人始終自詡為羅馬帝國正統後裔，但在拉丁人劫掠首都後，這層身分認同被徹底質疑。正統被奪、皇權淪喪、文化遭踐踏，拜占庭文明彷彿從帝國巔峰跌入歷史邊緣，這種心理上的瓦解甚至比物理毀滅更深刻。

第五節　1204 年的淪陷與拜占庭的撕裂

在國際層面，1204 年改變了東地中海的政治結構。原本以君士坦丁堡為核心的帝國架構，被分裂為多個拉丁與希臘政權，包括拉丁帝國、伊庇魯斯專制國、尼西亞帝國與特拉比松帝國等。這些政權互不承認，彼此征伐，削弱了對抗外敵的整體能力。東正教與天主教的敵對態勢，也因此次事件而無法修復。

淪陷後的拜占庭社會陷入漫長的重建期。儘管希臘貴族與修道士在地方努力維持秩序，但整體國力大不如前。許多城市經濟停滯，商業中斷，藝術創作幾近停擺。尼西亞帝國雖努力復興教育與軍事，但資源有限，無法恢復君士坦丁堡時期的繁華。

歷史的殘酷在於，這場內部淪陷不僅是偶然，更是長期制度僵化、內政腐敗與外交失策所致。拉丁人雖為實行者，但帝國本身的裂縫早已存在。從曼齊克特戰役以來的軍事頹勢、宮廷內鬥、與西方的疏離，皆為這場災難鋪路。

1204 年的淪陷是拜占庭歷史的深淵，但同時也是希臘民族文化堅韌的證明。在帝國滅頂之際，修道士、知識分子與地方貴族仍努力保存文獻、教育後代、重建信仰，為後來的文化復興種下種子。雖然帝國的物質權力失落，但精神與文化卻未隨之熄滅。

此節所描繪的不僅是軍事的失敗，更是文明自我否定與撕裂的過程。1204 年讓拜占庭走上衰敗的不歸路，也讓我們

■第八章　邊境烽火與十字軍干政：東西世界的衝撞

理解制度疲乏與內部分裂對一個帝國的致命性。那場火燒的不只是城市的牆垣，更是整個羅馬世界最後的榮光。

第六節　尼西亞帝國的復國努力

在君士坦丁堡陷落後的陰影中，希臘世界並未就此沉淪。相反地，在毀滅與流亡之中，一股復國的火焰於小亞細亞西部燃起。這股力量便是尼西亞帝國（Empire of Nicaea），一個由拜占庭貴族與神職菁英在災難邊緣所建立的臨時政權，卻意外地成為復興拜占庭希望的核心。在1204～1261年之間，尼西亞帝國扮演著保存東正教、重建希臘文化與反攻拉丁帝國的重要角色，為拜占庭文明的延續立下歷史性貢獻。

尼西亞帝國的奠基者為狄奧多爾一世·拉斯卡里斯（Theodore I Laskaris），他在拉丁人占領君士坦丁堡後，於安納托力亞西部的尼西亞（今土耳其伊茲尼克）建立政權，自立為皇。此地原本便為拜占庭軍事與宗教重鎮，擁有堅固的城牆與深厚的希臘文化根基，得以成為臨時首都。狄奧多爾透過招募流亡的貴族、神職人員與軍隊殘部，迅速重建政權體制，並組織有效防衛，抵禦拉丁軍與塞爾柱人的雙重威脅。

在宗教層面，尼西亞帝國積極恢復東正教體系。1208年，狄奧多爾促成東正教宗主教於尼西亞重新選立，確保教

第六節　尼西亞帝國的復國努力

會的神學與禮儀正統性,並與羅馬教廷明確劃清界線。這不僅凝聚了希臘人民的信仰力量,也成為與拉丁帝國對抗的道德正當性來源。尼西亞成為東正教世界的新精神首都,其文化保存功能與修道傳統深深影響後來拜占庭的重建。

在政治層面,尼西亞帝國延續拜占庭的行政與法律體制,保留希臘語為官方語言,實施羅馬法原則,並大力整頓財政與軍備。狄奧多爾一世重視文官制度與軍事整合,使地方貴族重新納入中央體系之中,有效避免了軍閥割據局面。他的統治雖短暫,卻為後繼者打下堅實基礎。

其繼任者約翰三世・杜卡斯・瓦塔澤斯（John III Doukas Vatatzes）可說是尼西亞帝國真正的擴張者與建設者。他致力於推動經濟復興,發展農業與本地手工業,並與義大利城邦如熱內亞與比薩建立貿易連繫,試圖在拉丁人控制的愛琴海地區建立經濟競爭優勢。他同時積極改革軍隊,成立新型地方軍區制度,提升兵員素質與忠誠度。

約翰三世亦鼓勵文學、哲學與醫學的研究,使尼西亞成為當時東方世界少數仍持續學術活動的重鎮。他與學者們合力修復部分從君士坦丁堡帶出的手稿,並延攬知識分子在王宮與修道院教授學生,延續希臘學術命脈。這些文化努力為後來的拜占庭文藝復興鋪設基礎,證明帝國精神並未隨君士坦丁堡的陷落而消失。

第八章　邊境烽火與十字軍干政：東西世界的衝撞

在外交方面，尼西亞帝國展現極高的靈活性。一方面與鄰近的伊庇魯斯專制國與特拉比松帝國維持聯盟與競合關係，另一方面則與保加利亞進行時和時戰的策略博弈，以牽制拉丁帝國的後方壓力。對於拉丁皇帝而言，尼西亞帝國始終是其最大的威脅。

最終在狄奧多爾二世與其繼任者米海爾八世·巴列奧略（Michael VIII Palaiologos）手中，尼西亞帝國迎來決定性勝利。1261 年，米海爾八世趁拉丁軍離開首都之際，派遣將領阿歷克修·斯特拉特戈普洛斯（Alexios Strategopoulos）突襲君士坦丁堡，成功光復帝國舊都，結束拉丁統治，恢復拜占庭帝國名號。

尼西亞帝國的成功並非偶然，而是建立在社會整合、信仰凝聚與制度改革上的長期努力。它不僅是拜占庭在亡國陰影中重生的實證，也為後來巴列奧略王朝提供政治與文化資本，使帝國得以維持兩個世紀的餘暉。

尼西亞的歷史提醒我們，即便在國破家亡之後，只要文化未斷、信仰未滅，國族的復興依然可能。在眾多希臘人眼中，尼西亞帝國是堅忍的象徵，是從廢墟中重塑文明秩序的縮影。它雖非長久大國，但其精神成就，堪比古典時期的任何勝利。

第七節　巴列奧略王朝的重建

　　1261 年，君士坦丁堡的光復不僅象徵著拉丁帝國的終結，更揭開了拜占庭帝國歷史上最後一個王朝——巴列奧略王朝（Palaiologos dynasty）的序幕。米海爾八世·巴列奧略（Michael VIII Palaiologos）以軍事手段重奪首都後，立即著手重建帝國的各項基礎架構。儘管帝國疆域已大不如前，但巴列奧略王朝試圖透過政治妥協、文化重整與宗教策略，延續帝國的尊嚴與統治。

　　米海爾八世的首要任務即是鞏固君士坦丁堡的控制權。拉丁人雖已退卻，但仍盤據愛琴海島嶼與希臘本土，威脅帝國西部邊疆。為此，他重建城防、整修皇宮與教堂，並將尼西亞的官僚、學者與資產遷回首都，迅速恢復中央行政體系。同時，他也進行外交調解，試圖與西歐勢力緩和關係，避免再度爆發十字軍干涉。

　　在宗教策略上，米海爾八世主張東西教會統一，尤其為了取得教宗的支持來抵擋西歐的軍事威脅。他於 1274 年參與第二次里昂大公會議，接受與羅馬教廷合一條件，引發東正教內部極大反彈。許多主教與平民視其行為為「信仰的背叛」，宗教分裂再度加劇。儘管政治上取得短期緩解，但這項妥協對巴列奧略王朝造成長期內部矛盾。

第八章　邊境烽火與十字軍干政：東西世界的衝撞

　　經濟方面，帝國早已元氣大傷。拉丁統治期間的劫掠與分裂，使農業、商業與手工業全面衰退。米海爾與其後繼者安德洛尼卡二世（Andronikos II）努力修復稅收體系、鼓勵農民返鄉耕作，並與熱內亞締結同盟，賦予其貿易特權以換取海軍援助。然而這種依賴義大利商人模式，逐漸削弱帝國自身經濟主權，君士坦丁堡港口甚至淪為外商據點。

　　巴列奧略王朝時期的文化卻展現強大復興力。宮廷重視學術、文學與藝術，延續尼西亞時期學風，吸引眾多文人學者，如史學家尼基弗魯斯・格雷戈拉斯（Nikephoros Gregoras）與詩人馬克西姆・普拉努得斯（Maximos Planudes）皆活躍於此。這段時期被視為「巴列奧略文藝復興」，重新整理古典希臘與早期基督教思想，並加以創新發展。

　　然而王朝的統治始終籠罩在軍事與經濟的陰影中。安德洛尼卡二世為削減軍費而裁撤海軍，導致愛琴海控制權逐漸旁落給土耳其與義大利海權。地方勢力坐大，軍閥割據現象重現。更甚者，安德洛尼卡三世與其內姪約翰五世之間的繼承戰爭，加劇了國內動盪，耗盡國庫資源，削弱帝國防衛能力。

　　十四世紀末，鄂圖曼土耳其帝國崛起，成為拜占庭最直接的生存威脅。巴列奧略王朝的後期皇帝們被迫向鄂圖曼稱臣，交納貢金，甚至允許其軍隊通過君士坦丁堡周邊地區。這種「容忍求存」政策雖一時緩解壓力，卻無法扭轉整體衰敗的趨勢。

值得注意的是，巴列奧略王朝也努力透過婚姻聯盟與文化宣傳強化皇權合法性。皇室成員與俄羅斯、塞爾維亞、義大利諸侯通婚，建立廣泛的宗教與文化連繫，使拜占庭精神繼續對東歐產生影響，並為俄羅斯沙皇體制的建立奠定部分基礎。

即便在最終走向覆滅的歷史進程中，巴列奧略王朝仍展現出政治靈活性與文化生命力。它無法阻止帝國的物理崩解，卻成功延續東正教、希臘語言與拜占庭藝術風格，讓這些文化資產得以流傳至後世。

總結而言，巴列奧略王朝的重建是一場艱難的歷史工程，它試圖在內外交迫中修補帝國裂縫，延續昔日榮光。雖然最終未能守住帝國疆域，但其對文化與宗教的保存貢獻，使其在歷史上不應僅以衰亡論斷，而應視為拜占庭文明最後的高峰與尊嚴。

第八節　西方與東正教的永遠裂痕

東西教會分裂（Great Schism）本起於 1054 年，但真正不可修補的裂痕，則是在 1204 年君士坦丁堡被十字軍攻陷、拉丁帝國成立後深植於文明深層的創傷。這場由信仰而起、由政治與文化所加深的對立，成為拜占庭文明晚期歷史中的主

第八章　邊境烽火與十字軍干政：東西世界的衝撞

軸之一。即便巴列奧略王朝重建了帝國的政治體系與文化尊嚴，東西教會之間的裂痕卻從未真正癒合，反而在隨後的兩個世紀中愈形明顯。

首先，是神學思想上的深刻差異。東正教強調三位一體中聖靈「自父而出」，而天主教則加上「亦由子而出」（filioque）之說，成為雙方無法妥協的教義分歧。儘管在哲學上看似抽象，卻牽涉到教會權威的詮釋方式：東方教會依循七大公會議與共融傳統，而西方則主張教宗擁有最高不可侵犯的教義詮釋權。這種根本上的體制矛盾，導致雙方在面對信仰實踐、神職任命與教會治理上難以共處。

巴列奧略王朝試圖彌合裂痕，尤其米海爾八世為抵擋十字軍再度入侵，不惜於1274年第二次里昂公會議中簽署東西教會合一協議。然而，此舉立即遭到君士坦丁堡本地主教、修道士與信眾的強烈反彈。東方教會視之為出賣信仰、屈從異端，其後宮廷多次遭遇宗教激進派抗爭，甚至引發局部動亂。這說明，即便最高領導階層有政治考量，底層社會的宗教信仰與傳統認同已無法接受任何來自羅馬的干預。

文化層面的隔閡也日益擴大。東正教教堂講求空間神祕與光線象徵，馬賽克與穹頂圖像強調「天上之城」的神聖降臨，而西方哥德式建築則強調直線拔高與邏輯秩序。這種視覺與空間哲學的差異，反映出雙方對神聖本質的截然不同理解，也潛移默化地建構出彼此無法互通的宗教感知系統。

第八節　西方與東正教的永遠裂痕

語言也是一道無形的壁壘。拜占庭使用希臘語為官方與禮儀語言，而西方教會則以拉丁語為神聖語言。兩者間的語言隔閡使神學交流困難重重，翻譯誤解與文本錯誤時常發生，導致神學爭論愈演愈烈。更甚者，在帝國晚期，甚至有東方神職人員認為拉丁語是「蠻族語」，而西方文獻中亦頻繁將希臘人描繪為「狡詐而異端」。這些文化偏見深化了彼此的敵意。

政治現實亦未提供緩解空間。巴列奧略王朝晚期，拜占庭屢次尋求西方支援以對抗鄂圖曼壓力，條件往往是「教會合一」，但每一次的嘗試皆以東方教士與民眾的拒絕告終。1439 年佛羅倫斯大公會議中，約翰八世·巴列奧略帶領代表團與教宗簽署合一協議，卻在回國後遭到全面杯葛，教會拒絕承認其合法性，基層信徒更發動集體靜坐與罷禮反制。這顯示東西教會在意識形態上早已無法融合。

宗教儀式與民間信仰的差異，也使雙方相互陌生。東正教信仰強調神祕主義、苦修與修道院生活，追求與神合一的靈修體驗；而西方教會則發展出贖罪券、清潔制度與修道會行動主義。這種對宗教實踐目的與方式的理解差異，使得雙方不僅無法彼此吸引，甚至彼此排斥。

最終，這些累積的分歧與矛盾成為拜占庭無法依賴西方援助的根本原因。在 1453 年帝國最終崩潰前夕，君士坦丁堡已多次向西方求援，卻始終未能換取有力軍事支援，原因不僅是地緣與資源考量，更是文化與信仰斷裂所致。西方眼中的「希

■第八章　邊境烽火與十字軍干政：東西世界的衝撞

臘人」與其教會，早已非我族類，援助的政治意願自然不足。

歷史最終塑造了這道裂痕：不是因為一場教會大會能夠修復，也不是因為幾次外交妥協可以彌平，而是在長期文化、語言、神學與信仰實踐中逐漸形塑成型的文明分界。東正教與西方教會雖同根同源，卻在歷史長河中走向兩個平行世界，從此各自書寫屬於自己的信仰敘事與政治命運。

第九節　教會妥協與信仰斷裂

在拜占庭帝國最後的世紀中，宗教政策日益成為皇權與民意之間的拉鋸戰。尤其在帝國面臨鄂圖曼土耳其壓力節節逼近之際，皇帝與皇室為爭取西方援助，不得不一再考慮與羅馬教廷的宗教妥協。然而這些政治計算所帶來的，不是帝國的穩定與支持，而是教會的裂解與信仰的崩潰。教會妥協，雖是求生的策略，卻也成為帝國內部道德與神學信仰的致命傷。

這樣的矛盾在 1439 年佛羅倫斯大公會議中展現得最為鮮明。約翰八世·巴列奧略帶著大批主教與學者前往義大利，與教宗安日納四世會面，協議達成所謂「教會合一」文件，允諾接受教宗至上權、承認「亦由子而出」（filioque）的教義，並同意拉丁禮儀之合法性。此舉在會議中被視為突破性妥

第九節　教會妥協與信仰斷裂

協，但對拜占庭本土而言，卻是一場信仰背叛的震撼彈。

當代表團帶著「合一文件」回到君士坦丁堡後，隨即遭到基層神職與信眾的全面反對。君士坦丁堡牧首座不承認此協議合法性，修道院群起抗議，甚至有主教公開宣稱「寧願見到鄂圖曼頭巾，也不願見到教宗的三重冠冕」進入聖索菲亞教堂。這句話並非誇張的激進口號，而是真實地反映出當時東正教世界對羅馬權威的深層排拒。

宗教信仰在拜占庭的政治體系中，不只是個人靈修的領域，更是公共秩序與文化身分的根基。當皇帝將宗教妥協作為國家外交的工具時，他等同於挑戰整個社會對神聖傳統的敬畏。修道士與平信徒並非僅出於保守，而是認為這種妥協直接破壞神學真理，是向異端屈服。

更嚴重的是，這場信仰斷裂不只是在思想與神職層面，也波及帝國行政與軍事。信仰動搖導致民心不穩，許多地方軍區因支持或反對合一立場而內訌，帝國在面對鄂圖曼圍困之際，反而陷入宗教與政治的雙重內戰。皇帝雖試圖藉由拉丁儀式彌撒、與西方神職交流來強化聯盟象徵，卻徒增國內不信任與矛盾。

這樣的宗教政治局勢，在君士坦丁十一世·巴列奧略（Constantine XI Palaiologos）在位期間達到頂點。面對鄂圖曼大軍的逼近，他同樣延續兄長的合一政策，卻在最終戰役前

第八章　邊境烽火與十字軍干政：東西世界的衝撞

夕看見民眾集體拒絕參與任何由羅馬教會主持的宗教活動。聖索菲亞教堂儘管重新舉行拉丁禮彌撒，卻只見空席與沉默，象徵東西教會裂痕已無可挽回。

信仰上的斷裂，帶來文化與政權的孤立。西方雖承認教會合一，但實際軍援始終未至；反之，東正教世界也未能因此團結一致。帝國的最後時刻，正是在這樣「無信任、無支援、無共識」的情境下迎向終局。

儘管如此，東正教的堅持並未隨帝國滅亡而終結。君士坦丁堡陷落後，東正教信仰轉入俄羅斯與巴爾幹地區，繼續發展其神學、禮儀與修道傳統。許多逃亡的主教、修士與知識分子將拜占庭精神帶入北方，促使東正教在異域獲得新生。

第十節　帝國再生的幻象與限制

拜占庭帝國在巴列奧略王朝的統治下，歷經短暫的文化復興與宗教重整，但這樣的榮光僅是歷史斜陽下的殘照。1261 年光復君士坦丁堡後，帝國雖名義上恢復昔日體制，實則陷入難以自拔的困境。巴列奧略王朝試圖再造帝國盛世，卻不斷碰觸現實的邊界；那些有關復興帝國的敘事，在歷史的推移中逐漸化為幻象。

第十節　帝國再生的幻象與限制

　　這些幻象，首先表現在疆域恢復的夢想。米海爾八世重新奪回君士坦丁堡後，曾意圖收復希臘本土與巴爾幹半島，並重建對東地中海的影響力。實際上，他僅能依賴有限軍事資源維持對色雷斯與小亞細亞部分地區的控制，其他地區則因拉丁封建勢力、保加利亞王國與塞爾維亞崛起而分崩離析。儘管帝國仍保有「羅馬皇帝」的名號，但其統治範圍早已無法涵蓋舊日版圖。

　　政治上，中央集權名存實亡。巴列奧略王朝在實施宗教合一政策失敗後，民間信任嚴重流失，地方貴族與軍事將領紛紛自立，導致帝國行政體系逐漸地方化。內部貴族為爭奪土地與稅收，互相傾軋，形成地方封建軍閥割據局面。君士坦丁堡雖仍是名義首都，但其實際影響力已難延伸至遠方各省。

　　經濟亦是再生無力的核心。拉丁統治期間的劫掠與掠奪對城市造成長期損害，人口減少，貿易中斷，農業凋敝。雖然帝國與熱內亞、威尼斯等城邦簽訂貿易協議，短期內刺激港口活動，卻也使拜占庭喪失自主商業權益，港口稅收與海運幾乎落入外商手中。城市經濟表面繁榮，實則依賴外力，缺乏內生成長動能。

　　文化上雖有「巴列奧略文藝復興」的出現，但多集中於宮廷與修道院圈層，難以擴及整體社會。由於教育資源分配不均，大量鄉村地區文盲率高，知識與藝術無法形成社會共同

第八章　邊境烽火與十字軍干政：東西世界的衝撞

體。帝國整體知識結構呈現「高峰式」發展，即少數知識分子仍活躍於學術場域，但基層民眾對此無從接觸，也無實質受益。

宗教體系雖仍保有傳統權威，卻深受政治干預與經濟萎縮影響。牧首座的選任往往受皇帝影響，地方教會難以自主發展。修道院在經費削減下失去培育功能，部分甚至轉為貴族產業附庸。信仰表面持續，實則活力流失，神職人員素質參差不齊，對社會倫理與教義教化的功能亦大幅削弱。

鄂圖曼的崛起則成為壓垮再生幻象的最後重擊。自十四世紀初起，鄂圖曼在小亞細亞與巴爾幹迅速擴張，逐漸包圍拜占庭。帝國未能建構有效防禦體系，只能依賴西方微薄援助與地方自衛，首都淪為孤島。君士坦丁堡之存續僅靠城牆堅固與皇室外交斡旋，但整體國家機能早已病入膏肓。

君士坦丁十一世統治下的帝國，只剩下部分色雷斯與首都本體，成為象徵性「帝國」。皇帝雖繼續使用古老羅馬頭銜，舉辦宗教儀典，維繫君臣秩序，卻已無力發動有效抵抗，無力重建經濟，也無力實施改革。1460 年前後，多數臣民已默認帝國將亡，只求體面終局。

歷史學家史蒂芬・朗西曼曾指出：「拜占庭在十四世紀後的存在，不是因為它仍是帝國，而是因為沒有人有勇氣承認它不再是帝國。」這句話深刻揭示巴列奧略時代的悲劇核

第十節　帝國再生的幻象與限制

心：帝國之名仍在，制度卻形同虛設；文化尚存，活力卻日漸凋零。

所謂「帝國再生」，在拜占庭最後兩世紀中，逐漸變成一種象徵性信仰——人們懷念羅馬榮光，依戀神聖傳統，仍希冀天命不絕。但現實政治、經濟與軍事條件早已無法支撐這種信仰，只能任其化為文學、藝術與儀式的表演。再生的幻象，既是精神慰藉，也是歷史的逃避。

第八章　邊境烽火與十字軍干政：東西世界的衝撞

第九章
君士坦丁堡的終章：
最後皇帝與最終戰役

■第九章　君士坦丁堡的終章：最後皇帝與最終戰役

第一節　鄂圖曼的崛起與包圍戰略

　　十四世紀初，一支來自安納托力亞西北邊陲的突厥族群悄然崛起。原本只是塞爾柱帝國瓦解後諸多貝伊國（小酋邦）之一的鄂圖曼部族，在奧斯曼一世（Osman I）的帶領下迅速壯大，成為拜占庭帝國最致命的對手。鄂圖曼帝國的崛起並非單純依賴軍事侵略，更是一套具有長遠戰略與制度設計的國家建構過程。他們不僅運用宗教合法性動員穆斯林群體，更善於整合征服區的資源、運用外交與軍事同步推進，在東地中海建立起一個全新帝國秩序。

　　鄂圖曼的擴張策略以邊境戰爭為起點，透過持續對拜占庭邊區的試探與突襲，不斷擴張影響力。他們先在比提尼亞地區（Bithynia）建立據點，進一步奪取尼科米底亞與布爾薩（Bursa）等城市，這些原屬拜占庭的重要交通與貿易節點，落入鄂圖曼之手後成為後勤基地。布爾薩在1326年成為首都，鄂圖曼藉由此城的戰略地位穩固其對馬爾馬拉海沿岸的控制，也意味拜占庭對小亞細亞的實質統治宣告終結。

　　與以往突厥部族不同，鄂圖曼在征服過程中並未採取單一的劫掠模式，而是推動一種「征服—統治—融合」的路線。他們接納當地基督徒菁英為文官，設立地方稅制與軍政機構，在宗教寬容政策下容許東正教持續存在，藉此換取地方

穩定與忠誠。這種包容而務實的治理風格，正是他們得以在多族群社會中迅速立足的關鍵。

相對而言，拜占庭帝國此時內憂外患。巴列奧略王朝自十四世紀初以來政權屢遭動盪，中央與地方關係緊張，財政崩潰，軍力削弱。各地貴族自立為王，帝國無力再施行統一軍令與稅收。當鄂圖曼軍隊於 1354 年成功橫渡達達尼爾海峽，占領加里波利（Gallipoli）後，正式開啟其歐洲擴張的大門，拜占庭對巴爾幹的控制迅速崩解。

鄂圖曼進一步推進其包圍戰略，不再僅以攻城略地為目的，而是透過建立衛星政權、收納附庸國、強化軍事制度等方式逐步削弱拜占庭的生存空間。他們在巴爾幹扶植親鄂政權，運用婚姻與外交同時施壓於塞爾維亞、保加利亞與瓦拉幾亞，使這些過去可能支援拜占庭的盟友反成為其包圍網一環。到十四世紀末，君士坦丁堡已被鄂圖曼勢力從西、南、東三面圍困。

此外，鄂圖曼軍事制度日益現代化。穆拉德一世與巴耶濟德一世改革軍隊，創立耶尼切里軍團（Janissaries），這是一支由基督教地區兒童改宗後訓練出的精銳常備軍，擁有高度紀律與忠誠。與拜占庭日益依賴傭兵與地方軍相比，鄂圖曼的中央軍制顯得更加穩固與專業。這支軍隊成為後來圍攻君士坦丁堡的主力，也是帝國命運的終結者之一。

第九章　君士坦丁堡的終章：最後皇帝與最終戰役

　　鄂圖曼並未立即攻擊君士坦丁堡，而是長期採取戰略包圍與內部瓦解並行策略。他們切斷帝都對外貿易與糧食通道，迫使其仰賴海上補給；同時滲透拜占庭內部，培植親鄂派勢力，擾亂宮廷決策。在經濟上，他們限制君士坦丁堡與巴爾幹各地的貿易連繫，使城市逐漸陷入孤立與物資短缺的困境。

　　值得注意的是，鄂圖曼並不急於摧毀帝國。他們視拜占庭為可控附屬政體，利用其作為與西方交涉的緩衝帶，尤其在十字軍東征之後，穆斯林政權多數選擇戰略克制，以降低與天主教世界直接衝突的風險。然而，當帝國內部持續衰敗、外交資源枯竭，且西方再無力插手東方事務時，鄂圖曼最終決定發動全面進攻。

第二節　君士坦丁十一世的籌備與絕望

　　當 1450 年代初期，鄂圖曼的戰雲再度壓境時，拜占庭帝國迎來其歷史上最後一位皇帝──君士坦丁十一世・巴列奧略（Constantine XI Palaiologos）。他是一位具備軍事歷練與堅定信仰的皇室成員，自曾擔任摩里亞專制國的統治者以來，便展現出果敢與勤政的特質。然而，當他於 1449 年正式登基時，接手的卻是名存實亡的帝國──疆域只剩君士坦丁堡及周圍少數地區，財政破產，軍隊潰散，外交孤立。這場籌備

第二節　君士坦丁十一世的籌備與絕望

一場注定失敗的防禦戰，是他作為末代皇帝的悲劇宿命。

君士坦丁一即位，便清楚了解帝國形勢之危急。他積極整頓城防、修補宮廷裂痕，並與西方諸國聯繫，尋求軍事與財政支援。他復興城內工匠體系，動員市民參與築牆與整備武器，盡可能提升城防能力。儘管資源有限，他仍下令修繕狄奧多西防線，加強海岸堡壘、城門與塔樓的防禦。然而這些努力，終究無法與鄂圖曼龐大軍力抗衡。

皇帝也試圖在宗教上尋求統一對外的象徵。他延續前任與羅馬教廷的合一政策，恢復拉丁禮彌撒，企圖透過東西教會合一換取西歐支援。但民間強烈反彈，認為這是對信仰的背叛，不少修士與民眾拒絕參與彌撒，使宗教政策反成為內部爭議焦點，進一步削弱社會凝聚力。

在外交層面，君士坦丁向威尼斯、熱內亞與教宗求援，獲得些許船艦與物資支援，並迎來義大利將領喬瓦尼·朱斯蒂尼亞尼（Giovanni Giustiniani）率領的幾百名士兵加入防衛，但這些支援相較於穆罕默德二世即將集結的龐大軍隊，猶如杯水車薪。

君士坦丁的心境也在這段期間產生轉變。他從一位堅毅的防衛者逐漸意識到，自己所承擔的不是一場可勝的戰役，而是一場文明與信仰的象徵性抵抗。他拒絕鄂圖曼的和談與投降提議，明知結局已定，仍選擇堅守帝國最後的尊嚴。他

第九章　君士坦丁堡的終章：最後皇帝與最終戰役

曾對朝臣說：「我不會離開這座城市；我與人民生死與共。」

在這一段籌備與等待死亡的過程中，君士坦丁展現的不只是戰術決策者的冷靜，更是歷史角色的自覺。他不再僅僅是皇帝，更是拜占庭千年文明的最後化身。他所做的每一項部署，不是為了勝利，而是為了使這場結局不致毫無尊嚴。

他深知，這場防衛戰將被書寫為文明終章。從修補狄奧多西城牆、強化海港防線，到重整城內軍民體系，每一道命令都是在為歷史留下抗爭痕跡。皇帝的籌備不單是軍事部署，更是一場象徵行動，在垂死之際表現一個帝國所能展現的最後光輝。

第三節　城防工事的重建與失敗

在帝國最後的歲月裡，君士坦丁堡的防禦工事既是人民信仰的堡壘，也是抵抗鄂圖曼帝國壓倒性攻勢的最後屏障。作為千年帝國的首都，君士坦丁堡的防禦體系歷經數世紀演化，最著名者莫過於狄奧多西城牆（Theodosian Walls），這道自五世紀以來守護城市西側的三重城牆系統，曾屢次擋下波斯、阿拉伯與匈奴人的進犯，堪稱古典世界最堅固的軍事工程之一。然而，到了十五世紀中葉，這些工程早已老化，且無法對抗火器時代的攻城策略。

第三節　城防工事的重建與失敗

　　君士坦丁十一世上任後即著手修復防線。他下令加固城門、清理壕溝、重整瞭望塔與箭垛，並動員市民修築內城與外城之間的通道。朱斯蒂尼亞尼將軍則專注於加強金角灣防線與加拉塔對岸的哨站建設，並強化海港水閘與水雷設施。熱內亞與威尼斯的工匠亦協助打造新型投石器與火油裝置，力圖使古典防禦體系能因應近代化戰爭。

　　然而，這場工事重建在本質上充滿結構性困境。首先是資源短缺。帝國無法動員足夠的人力與物力，許多工程僅能做表面修補，無法從根本強化防禦。其次，技術落後問題亦難以克服。拜占庭在火器製造方面遠遜於鄂圖曼，缺乏火砲鑄造與運輸能力，而對手穆罕默德二世則僱用匈牙利技師烏爾班（Orban）鑄造巨砲，專門設計以擊穿狄奧多西城牆。

　　更致命的，是防禦工事在整體戰略布局上的孤立無援。西方世界對拜占庭陷落的預期已久，支援意願低落，僅零星商船與傭兵參與。防禦系統只能寄望於其歷史榮光與工匠智慧，但在面對連環火砲與有組織的攻城梯隊時，過往有效的高牆與箭樓反成為火砲集中轟炸的目標，崩裂與瓦解接連而至。

　　另一方面，城內士兵與市民訓練不足。許多守軍來自市井，未受過正規訓練，只能憑借意志與情感守衛崗位。朱斯蒂尼亞尼雖帶來一批菁英傭兵，但兵力僅約七百人，無法全面守護長達數公里的城牆。拜占庭軍隊雖擁有作戰經驗，但面對持續轟擊與物資匱乏，士氣逐漸下滑。

第九章　君士坦丁堡的終章：最後皇帝與最終戰役

　　城市海防也難以抵擋鄂圖曼的進逼。金角灣雖設有鍊索阻止敵船進入，但穆罕默德出奇制勝，命士兵將戰船由陸路拖過加拉塔地區，繞過鍊索直接進入金角灣後方，導致港區防線失效。這一戰術突破讓拜占庭人深感絕望，也暴露城防設計在面對機動戰與新式兵器時的脆弱。

　　最終，所有修復與建設的努力都顯得蒼白無力。五月初，鄂圖曼的大砲開始集中轟炸梅索馬卡（Mesoteichion）區的防線，此區城牆結構較弱且地勢開闊，成為主攻目標。經過數週密集砲擊，城牆多處坍塌，防守軍需不斷投入人力填補缺口，耗盡體力與資源。

　　這場防禦上的失敗，不僅是戰術上的敗局，也是技術轉型與制度更新失敗的象徵。拜占庭無法在火器革新中自我轉型，反映其整體政治與經濟體系早已無力負荷大規模軍事現代化。正如歷史學家史蒂芬·朗西曼（Steven Runciman）所言：「狄奧多西城牆並非被攻陷，而是被時代淘汰。」

第四節　1453 年的攻城序曲

　　1453 年春天，拜占庭帝國的命運走向最後倒數。穆罕默德二世（Mehmed II）於三月下旬率領大軍從愛第尼（Edirne，即哈德良堡）啟程，直逼君士坦丁堡城下。此役不再是常規

第四節　1453 年的攻城序曲

的邊境爭奪戰，而是一場為了終結羅馬帝國餘緒而發動的全面戰爭。根據史家計算，鄂圖曼動員兵力介於八萬至十二萬之間，配備大量火砲、攻城器械與後勤支援部隊，並以其新鑄造的巨型火砲「巴西利卡」（Basilica）作為攻城主力。

拜占庭方面則動員所有可用兵力，總兵力估計僅七千至八千人，其中包含熱內亞將領朱斯蒂尼亞尼（Giovanni Giustiniani）率領的七百名傭兵與義大利火器技師。君士坦丁十一世親自督軍，坐鎮城牆最脆弱的梅索馬卡區。城中亦召集平民支援守備、運送物資、修補牆垣，形成一種全民防衛的末日氛圍。

攻城戰於 4 月 6 日正式展開。鄂圖曼軍隊在狄奧多西城牆外安營，架設火砲，分設中軍與兩翼。穆罕默德以極高頻率轟擊城牆，每日不間斷地擊毀磚石，使防線難以持續維修。拜占庭守軍則以火油、擲石器與短程火器反擊，力圖拖延攻勢。

戰爭進入膠著時期時，鄂圖曼展開心理戰與破壞戰。穆罕默德親自出面勸降，保證若皇帝投降可保性命並保障居民財產與信仰自由。但君士坦丁拒絕，強調「與其交出城市，不如死於城下」。此一堅定立場不僅鼓舞了軍心，也象徵著帝國尊嚴的最後防線。

穆罕默德同時展開地道挖掘與潛入突襲。拜占庭工兵憑藉多年經驗偵測地下振動並反制掘地攻擊，爆破多條地道，延緩敵軍進展。另一方面，朱斯蒂尼亞尼指揮的西城防線遭

第九章　君士坦丁堡的終章：最後皇帝與最終戰役

受猛烈砲火，數次面臨潰堤危機，僅靠日夜維修與輪班守衛勉力維持。

海面戰局也進入關鍵階段。鄂圖曼雖受鍊索阻擋無法進入金角灣，卻於 4 月 22 日運用旱拖戰術，將數十艘小型戰船越過陸地滑木系統，繞過防線進入灣內，對拜占庭後方港區造成極大威脅。這場奇襲不僅突顯鄂圖曼軍事創新，也打擊拜占庭士氣，城中居民逐漸意識到城牆內外已無安全可言。

面對連番進攻，拜占庭軍隊仍展現驚人毅力。他們白日迎戰砲擊與突襲，夜晚修復城牆與緊急訓練新兵，堅守每一個城門、每一道箭垛。市民自發支援，婦女運水、孩童傳遞命令，宗教儀式與讚歌在城中迴盪，彷彿整座城市已準備為信仰與傳統殉道。

隨著攻城進入五月中旬，穆罕默德開始集結全部軍力準備總攻。他召開軍事會議，策劃多面突擊與夜戰結合的最後一擊，命各部將領強化砲火壓制與登牆準備。拜占庭方面則召開終戰前的宗教祈禱與民心動員，皇帝與主教共同主持彌撒，呼籲人民「以血守城、以信仰赴死」。

此節所述之攻城序曲，不僅是一場技術與軍力的對峙，更是兩種文明與歷史精神的最後碰撞。在火砲轟鳴與祈禱聲交織下，帝國邁向無可逆轉的終章，而君士坦丁堡，也將在歷史的筆鋒下迎接其宿命的時刻。

第五節　教會與民間的祈禱與抗戰

在 1453 年君士坦丁堡圍城期間，當城牆之外是炮火連天與大軍壓境，城牆之內則上演著一場不亞於軍事對抗的精神抗戰。教會與民間在壓力下展現出驚人的信仰能量與組織能力，將整個城市團結於共同命運之中，形成一種以宗教為核心的全民抗戰運動。

正教會在戰爭中扮演核心角色。儘管因合一政策使部分教會人士與信眾心生疏離，拜占庭的高層主教與修道士仍選擇留守城中，主持祈禱與赦罪禮儀，強化民眾信仰與士氣。城中重要教堂如聖索菲亞大教堂、聖使徒堂與聖母升天堂每日舉行晨禱與黃昏彌撒，鼓舞守軍與百姓，並舉行特殊的悔罪儀式與靈體祝福，祈求神靈護佑城市。

君士坦丁十一世與神職人員緊密合作，定期巡視各大教堂，公開祈禱、親吻聖像、與平民並肩領受聖體，透過這些象徵行動鞏固皇權與信仰的合一象徵。他理解，城牆或許難以抵擋火炮，但人民若有信仰，城市精神便能延續。這種信仰政治的結合，使人民將皇帝視為受神選召的殉道者，而非凡人領袖。

修道院與修士亦加入支援行列。他們除了承擔靈修與祈禱任務，還協助防禦工事、照護傷兵、分配食物與藥品。許

第九章　君士坦丁堡的終章：最後皇帝與最終戰役

多修士將自己視為「精神戰士」，認為在此生守護城市等同於為基督作戰。修道院成為城中物資與庇護的中繼點，也成為精神補給中心。

在民間，信仰轉化為實質行動。婦女組織起來支援守軍，織布製衣、運送箭矢、熬煮食物；孩童擔任傳令兵與哨探，長者則負責照料傷患與鼓舞士氣。許多家庭自發設立祭壇，每日為前線親人祈禱。街頭巷尾貼滿聖像與讚歌文字，居民每日在自家門前誦經，連寵物與牲畜也被畫上聖十字標記，象徵全城皆為「主的堡壘」。

宗教儀式轉化為群體動員力量。攻城初期與中段，每逢重要節日，如復活節與主顯節，城中皆舉行集體遊行與聖物巡繞，主教高舉十字架穿梭街頭，百姓夾道跪拜，將灰燼灑於頭頂以表懺悔。這些儀式在實質上無法阻止攻擊，卻在精神上凝聚城市意志，提供一種超越現實恐懼的心理支撐。

尤為關鍵的是，正教信仰在此時不僅提供安慰，也構築起一種對死亡的神學理解。聖像學者與修道士重申：「今世之死為永生之門」，強調若為信仰而死，靈魂將直升天堂。這種信念使許多守軍與市民甘於赴死，認為犧牲不僅是對帝國的忠誠，更是對基督的奉獻。

也有神學家試圖將災難解釋為神對帝國罪惡的懲罰。這一觀點在城內引起激烈爭議，一方面激發更多人悔罪行善，

另一方面亦使部分人產生命定論，對防禦失去信心。但整體而言，教會仍成功引導這股情緒轉化為集體行動。

值得注意的是，儘管帝國實施合一政策，但拉丁教士與正教信眾之間仍存在明顯隔閡。許多民眾拒絕參加拉丁禮儀，但在最危急的日子裡，也有記載顯示不同教派共同參與守城與彌撒，形成一種臨時的信仰聯合戰線。

整體而言，教會與民間在此段期間的抗戰展現出拜占庭社會的深層凝聚力與宗教中心性。這場祈禱與抗戰的合奏，並非單純的防禦行動，而是一場文明自覺的精神出征。他們深知肉體可能敗亡，城池可能失陷，但只要信仰與記憶仍存，帝國的靈魂便永不滅。

第六節　火器與古典防禦的對撞

在 1453 年春末的圍城戰中，君士坦丁堡成為歷史上首次大量使用火器攻城的試驗場，這場對峙不僅象徵一場軍事上的轉捩點，更象徵著古典時代防禦體系的終結與現代戰爭時代的開始。鄂圖曼帝國在穆罕默德二世的主導下，結合東方傳統與歐洲新興的火器技術，針對拜占庭古老的城牆系統，展開一場殘酷且精密的破壞行動。

第九章　君士坦丁堡的終章：最後皇帝與最終戰役

　　穆罕默德二世延攬了匈牙利火炮鑄造師烏爾班（Orban），後者在哈德良堡（Edirne）鑄造出數門巨型火炮，尤以「巴西利卡」為最，重達數噸，射程超過一公里。這些火砲由大量牛車與人力運送至君士坦丁堡西牆外，架設於指向城牆最脆弱處──梅索馬卡區。自四月初始，火砲日夜轟擊城牆，每一擊不僅擊碎磚石，更震動城市與守軍的心理防線。

　　對於拜占庭而言，此戰首次面對如此規模的火器壓力。雖然城牆過去曾經抵擋過諸多強敵，包含阿拉伯與匈奴大軍，但這些攻擊多仰賴攻城塔、攻城槌與投石器等機械器械，防禦體系仍可透過築壕與加固予以應對。然而，火砲的破壞力完全改變了攻防節奏，使原本仰賴厚牆與多層防線的君士坦丁堡無所適從。

　　守軍雖試圖以傳統方式應對，包括日夜修補城牆、堆土為壘、用石灰與沙袋填塞破口，甚至以木板覆蓋裂縫減緩砲彈衝擊，但這些方式終究難以持續。每當砲火暫歇，守軍奔赴牆垣修補；但翌日再起時，前日努力即被摧毀。這種「建築與毀壞的循環」不僅耗盡體力與資源，更削弱士氣。

　　拜占庭亦曾嘗試以簡易火器反擊，如小型火砲、火油壺與弓弩配合，但射程與準確度皆遠不及鄂圖曼巨砲。此外，由於技術限制，城內並無能力生產重型武器，只能依賴少數來自義大利與熱內亞的支援裝備，其效果有限。攻守雙方的技術落差，在此戰中首次以壓倒性姿態展現。

第六節　火器與古典防禦的對撞

　　火砲的另一殺傷力，在於對防禦理念的顛覆。狄奧多西城牆原設計為抵擋步兵與攻城機械，以高度與厚度形成物理屏障。但當砲彈可於數十秒內擊穿外牆，整體防禦策略便成為空談。守城戰從「控制高地」轉為「重建裂縫」，從戰略層次退化為戰術應變，使整體指揮系統失去長遠規劃能力。

　　城市內部也因火砲震波而受重創。震動使屋瓦剝落、牆體龜裂，市民難以安居，造成恐慌與混亂。每日凌晨的砲擊使得整個城市如臨地震，孩童驚哭、老人逃竄，守軍多日無眠，精神狀態近乎崩潰。穆罕默德甚至刻意調整砲擊節奏，以心理戰壓迫敵軍。

　　這場對撞，也反映出歷史轉型的無情邏輯。火器代表新秩序的象徵，是中央集權與科技整合的成果；而古典防禦則屬於以地方資源與傳統經驗為基礎的舊體制。拜占庭帝國之所以敗於火器，不只是裝備不如，更因制度已無法整合科技、軍事與經濟的需求。

　　然而，在這場不對稱的對抗中，守軍的英勇仍為人稱道。他們明知無法阻止火砲，仍堅守陣地，以肉身堵牆、以信念支撐崩裂的防線。他們的行動，讓城牆不再僅是石灰與磚瓦，而是精神與歷史的象徵。

　　此節總結，火器與古典防禦的對撞，是技術演進與文明衰亡的交叉點。在炮火轟鳴下，狄奧多西城牆不只是倒塌的

第九章　君士坦丁堡的終章：最後皇帝與最終戰役

建築，更是過去千年帝國防禦邏輯的崩潰。拜占庭不是敗給了鄂圖曼，而是敗給了一個自己已無力理解與掌握的時代。

第七節　絕望中的最後聖體彌撒

1453 年 5 月 28 日，鄂圖曼軍即將發動總攻的前夕，君士坦丁堡沉浸在一種前所未有的寧靜與凝重之中。這一夜，被後世視為帝國最後的聖夜，也是拜占庭千年文明向世界遞出的最後告白。君士坦丁十一世・巴列奧略（Constantine XI Palaiologos）下令全城參加最後一次聖體彌撒，地點選於聖索菲亞大教堂，象徵帝國與信仰的最高聖地。

這場彌撒不同於平日的宗教儀式，它是一場為死亡而舉行的讚美詩，也是一場將帝國與信徒靈魂託付於神的告別典禮。消息傳出後，教堂內外擠滿了市民、軍人、貴族與神職人員，不論階級、不分教派，拉丁禮與正教徒一同聚首，合一的祈禱在千年聖堂中迴盪，過往的教義爭端在此刻顯得渺小。

君士坦丁皇帝身披軍袍，頭戴象徵皇權的金冠，步入教堂時，人群自動讓出道路。他未乘車、未持權杖，雙手交疊於胸前，如同一位朝聖者。他與主教、貴族一同跪於神壇前，接受聖體聖血，象徵皇帝自己也接受死亡、接受與人民

第七節　絕望中的最後聖體彌撒

命運共同承受的姿態。

彌撒由城內最高階神職主持，歌詠隊吟誦《光榮頌》，鐘聲響徹整座城市。人們哭泣著親吻聖像，有人帶著孩童受洗，有士兵將護身十字掛於胸前，也有老人於最後領聖體後坐在原位靜待死亡。整座教堂成為信仰與絕望交織的空間，每一個祈禱都蘊含對過往榮光的緬懷與對未來命運的放下。

朱斯蒂尼亞尼與其傭兵也參加了彌撒，這位義大利將領後來曾描述：「那晚的寂靜比千軍萬馬還沉重，那裡的每一顆心都在等待，等待一場神的審判。」

君士坦丁在彌撒結束後未回皇宮，而是騎馬巡視城牆，逐一拜訪各守備點，向士兵與指揮官道別。他低聲說：「我與你們同在，若明日我先於你們倒下，願神接納我；若你們先行一步，我將為你們祈禱。」

城市陷於一種寧靜的哀榮。市場已無人營業，家庭點起蠟燭守夜，修道院開放給避難民眾，街上迴響著小孩誦經聲。這座曾為東方之光的城市，如今以尊嚴的姿態面對死亡，以一場聖體禮儀告別世界。

聖索菲亞最後的彌撒，不只是宗教儀式，它是拜占庭文明的文化遺囑，是羅馬精神、希臘智慧與基督信仰的最後合奏。在教堂圓頂下，世界舊秩序的最後餘暉正緩緩熄滅，但那光並未消失，它被傳遞進未來的記憶之中。

第九章　君士坦丁堡的終章：最後皇帝與最終戰役

第八節　皇帝戰死與宮城陷落

　　1453 年 5 月 29 日黎明，鄂圖曼軍隊於多日密集砲火轟擊後，發動全面攻勢。號角響起之時，穆罕默德二世親自督軍，下令三波總攻壓境，集中火力於君士坦丁堡西側破損最嚴重的梅索馬卡城段。攻擊開始時，天色仍暗，火把與火光照亮城牆陰影，夾雜著喊殺聲與呼號聲，象徵著千年帝國最後防線的崩潰。

　　君士坦丁十一世身披簡單盔甲，手持劍盾，親自率軍守衛最危險的缺口。他未穿戴任何象徵皇帝身分的服飾，與平民與士兵一同作戰，不再是高坐寶座的皇帝，而是為城市而戰的騎士。他曾對身邊將領說：「城市在我，若失，我與之共亡。」這句話並非豪語，而是真實命運的承諾。

　　戰鬥在破曉前後達到最高潮。鄂圖曼傭兵首先進攻，試圖消耗守軍體力，隨後由菁英部隊傑尼薩里軍團接棒突擊。拜占庭守軍與義大利傭兵奮勇抵抗，但在持續砲擊與登城攻勢中逐步失守。朱斯蒂尼亞尼於此時重傷倒地，被迫撤離戰場，導致守軍士氣急劇下滑。

　　皇帝見情勢崩潰，拒絕撤退。他卸下皇冠與徽飾，對周圍士兵說：「神已知我們的命運，請為信仰而死。」隨後衝入混戰，被目擊者最後見於城牆內部一處通道，之後失蹤。數

第八節　皇帝戰死與宮城陷落

　　日後，鄂圖曼士兵從屍堆中尋得一具身穿紫色內襯衣、雙手緊握劍刃的屍體，據信即為皇帝遺骸。

　　君士坦丁的戰死象徵著帝國的真正終結。他未逃離，也未投降，選擇以武士姿態結束羅馬皇帝的最後一頁。他是自羅慕路斯・奧古斯都以來最後一位自稱為「羅馬皇帝」者，從西元前 27 年至 1453 年，近 1,500 年的帝制傳統，在此斷絕。

　　皇帝陣亡後，守軍紛紛潰逃，城門被攻破，鄂圖曼士兵湧入城市。沿途房舍被洗劫，百姓或遭屠殺，或被擄為奴。教堂與修道院亦未能倖免，聖索菲亞大教堂遭入侵，聖像被毀，神職被捕，哭喊與祈禱聲交織於瓦礫與火焰之中。

　　洗劫並非隨意暴力，而是一場制度化的征服行動。在伊斯蘭軍事文化中，城池若不投降，攻破後三日內可進行合法掠奪。鄂圖曼士兵奉此傳統大舉洗劫城市財富：宮殿內的壁毯、黃金與聖器被成箱搬出，私人宅邸無一倖免，婦女被擄走、兒童被販賣，教堂的聖經與聖像被焚毀或斷裂，文化資產毀於一旦。

　　城市的社會結構亦瞬間崩潰。貴族階層被俘、部分選擇自裁。文官與知識分子被押赴新政權登記冊。市民被編入奴隸市場，青年被選入宮廷訓練營改信伊斯蘭。過往織就拜占庭文明的多層次網絡，在三日間如夢破裂。

　　宮城布拉基奈 (Blachernae Palace) 亦迅速陷落，皇宮侍

第九章　君士坦丁堡的終章：最後皇帝與最終戰役

衛雖死守城門，終究寡不敵眾。鄂圖曼士兵衝入宮殿，金飾、珠寶、典籍全數被搶掠焚毀。昔日輝煌的紫色皇宮，轉瞬化為廢墟。宮廷文官與貴族多數被俘，部分選擇自刎，部分遭驅往伊斯坦堡新行政體系下服役。

這場破城，不只是權力轉移的結果，更是文化洗牌的開端。羅馬法傳統、希臘學術、正教信仰與拜占庭禮儀，在瞬間失去制度依附。儘管部分知識分子逃往西方，帶動後來義大利文藝復興，但帝都本體已不復再現。

穆罕默德二世入城後，命令暫停屠殺，並親赴聖索菲亞大教堂宣告該堂為清真寺，象徵帝國改朝換代。他對隨行者說：「終於，羅馬屬於我們了。」這句話意味的不僅是城池的征服，更是千年秩序的重構。他開始將君士坦丁堡改建為「伊斯坦堡」，成為鄂圖曼帝國新首都。

在占領後的政策中，穆罕默德實施高度制度化的整合手段。他邀請猶太人與亞美尼亞人重返城市，設置新行省制度，鼓勵手工業復甦，並允許東正教主教繼續主持宗教事務。這種治理策略一方面壓制反抗，另一方面也確保新政權穩固建立於多元族群與信仰之上。

第九節　君士坦丁堡的洗劫與占領

　　1453年5月29日，君士坦丁堡陷落之日，不僅意味著拜占庭帝國的滅亡，也展現了帝國更替下人類行為最極端的兩種面貌：毀滅與重建。鄂圖曼帝國依照伊斯蘭戰爭慣例，獲准在城破後的三日內自由洗劫，以作為對未投降敵城的懲罰與獎勵功勳的方式。這場「合法化的混亂」迅速吞噬了整座城市，將千年之都推入一場短暫但深刻的浩劫。

　　進城的鄂圖曼士兵開始挨戶搜掠，財物、器皿、家具、衣物悉數搜括。皇宮、貴族宅邸、主教府與商人倉庫成為首波目標。歷史學者指出，在短短數日內，君士坦丁堡中原本珍藏的古代手稿、金飾與教會遺產幾乎毀滅殆盡。大量珍貴書籍與文物被焚毀、當作燃料，或因不識價值而被遺棄。正如史家史蒂芬・朗西曼（Steven Runciman）所言：「此役之後，人類失去了一整座圖書館。」

　　婦女、孩童與長者成為戰利品的一部分。士兵擄掠年輕男女充作奴僕或宮廷人員，貴族女性多被強行押往東方市集販售。大量孩童被帶往伊斯蘭宮廷進行伊斯蘭教育與軍事訓練，成為未來的宮廷侍從與軍團士兵，這也是鄂圖曼後期兵制「德夫希爾梅」（Devshirme）制度的實行前奏。

　　宗教建築亦未能倖免。聖索菲亞大教堂最初遭洗劫後，

第九章　君士坦丁堡的終章：最後皇帝與最終戰役

　　穆罕默德二世才進入並宣布其為國家財產,不可再擅自侵擾,並即刻改為清真寺,象徵新主權之誕生。其他教堂則多被破壞、拆毀或改作馬廄與倉庫,象徵舊秩序的全面崩解。

　　在洗劫之中,許多文化與技術的載體也遭波及。拜占庭鐘錶、玻璃工藝、建築藍圖等技術資料多付之一炬。部分技師與建築匠被迫遷往鄂圖曼腹地,為新帝國服務,成為知識轉移與融合的起點。這種以掠奪為手段的文明轉移,與近代的殖民擄掠形成奇特對照。

　　然而,在這場浩劫背後,穆罕默德展現了與其先人不同的政治遠見。他深知一座死城無法作為帝國首都,故在三日洗劫後即頒布政令,禁止再行擾民,恢復秩序,著手進行重建。他邀請亞美尼亞人、猶太人、敘利亞人與東正教徒重返君士坦丁堡,提供土地、稅務豁免與重建資金,期使城市重振商業與社會機能。

　　穆罕默德亦設法恢復宗教階層的象徵穩定。他冊封新任東正教主教,賦予其自治權與教區行政權力,建立所謂「米利特制度」(millet system),允許非穆斯林民眾在信仰與生活事務中保持自主。這項制度成為鄂圖曼統治多民族社會的重要基礎,也讓正教在亡國後得以存續。

　　洗劫與占領之後,君士坦丁堡開始被改建為鄂圖曼伊斯坦堡。昔日的街道被重新劃分,清真寺逐漸取代教堂成為城

市核心，市場與巴剎逐漸形成新商業中軸。穆罕默德親自監督新城計畫，指派建築師設計蘇丹清真寺與宮殿，將伊斯蘭文化注入原為希臘－羅馬城市的肌理之中。

歷史學家指出，穆罕默德對這座城市有著特殊情感。他自幼研讀亞歷山大、凱撒與查士丁尼等人的傳記，夢想成為「東方凱撒」。當君士坦丁堡成為其帝國核心時，他不僅完成了軍事統一，也完成了一種歷史角色的接替。因此他既毀滅了舊帝國，也繼承了其地理、制度與文化位置。

在洗劫與重建之間，君士坦丁堡完成了其歷史上的重大轉換。它不再是拜占庭的都城，而是伊斯蘭世界與歐亞世界的新核心。它的教堂、街道與市集，見證了一場文明輪迴；它的牆垣與河港，承接了一種歷史傳承的繼續。

第十節　世界秩序的終極轉捩點

1453 年君士坦丁堡的陷落，不僅終結了一個千年帝國，也重構了歐亞政治、經濟與宗教的秩序。它不只是拜占庭帝國的終章，更是世界進入近代早期的一項里程碑事件。一座城市的失守，引發了一連串牽動深遠的全球變局，其歷史意義遠超過東羅馬帝國本身。

第九章　君士坦丁堡的終章：最後皇帝與最終戰役

　　首先，此役徹底改變了地中海與黑海的貿易權力平衡。過去拜占庭作為東西貿易的樞紐，掌握歐亞商品交流之要道。但隨著君士坦丁堡淪陷，鄂圖曼帝國掌控博斯普魯斯海峽與達達尼爾海峽兩大戰略水道，重構黑海出口與地中海東端的商業模式。這一轉變使歐洲各國不得不尋找替代路線，促成葡萄牙與西班牙展開海上探險，最終發展出所謂「大航海時代」，成為近代全球化起點之一。

　　其次，拜占庭文明的解體導致大批學者、工匠與藝術家逃亡義大利，直接推動了文藝復興的高潮發展。希臘語文獻與經典被帶往西方，促使人文主義學者如佩脫拉克（Petrarch）與伊拉斯謨（Erasmus）等人深化對古典知識的重構。正如歷史學家雅克·勒高夫（Jacques Le Goff）所指出：「拜占庭的滅亡，是古代知識進入現代歐洲大腦的催化劑。」

　　在宗教層面，東正教與羅馬天主教的分裂不僅加深，且開始成為文化地理劃界的依據。東正教逐步與俄羅斯結盟，促使莫斯科自視為「第三羅馬」，開啟其後數世紀的沙皇正統敘事。而西歐教會則轉向內部整頓，種下後來宗教改革的條件。

　　政治上，鄂圖曼帝國的崛起讓伊斯蘭文明進入歐洲中心舞臺。君士坦丁堡變身伊斯坦堡後，穆罕默德二世展現一種前所未見的伊斯蘭皇權統治樣態：融合阿拔斯王朝的宗教合法性、波斯行政體系與拜占庭的帝國禮儀，形成一種全新「伊斯蘭帝制」原型，為後來蘇萊曼大帝時期的黃金時代奠基。

第十節　世界秩序的終極轉捩點

此外，拜占庭的消失也使歐洲國際關係重新洗牌。匈牙利、波蘭與神聖羅馬帝國被迫建立更嚴密的防線，以對抗東方強權；威尼斯與熱內亞則喪失其東方通商據點，被迫轉向西地中海；英格蘭與法國則趁勢擴張海權與殖民目標。這些轉變皆與君士坦丁堡的陷落密不可分。

文化象徵上，帝國的終結也讓「羅馬」作為觀念走向變形。從拉丁西歐的「羅馬教廷」到東正教的「新羅馬」，再到俄羅斯的「第三羅馬」，不同權力中心紛紛爭奪這一符號資產，表面為宗教，實則為合法性與文明代表權的競逐。

近代民族國家的興起，也在這場歷史巨變中醞釀。拜占庭作為多族群、多語言、多宗教的傳統帝國，其瓦解被部分西方思想家視為多元共治體制的終章，進而轉向民族主權與統一國家的追求。馬基維利在《君王論》中便曾借拜占庭衰亡警醒義大利諸邦，呼籲中央集權與軍政改革。

更宏觀地看，君士坦丁堡的陷落使歐洲首次真正面對「自身不再居於文明高地」的現實。在技術、軍事與制度層面，鄂圖曼展現強大組織力與政策整合力，打破了中世紀歐洲對伊斯蘭世界的刻板印象，迫使歐洲啟動制度創新與科學探索。

因此，1453 年不僅是拜占庭的終結，更是近代世界的啟動鍵。在這場終極轉捩點之後，歷史不再書寫帝國的榮光，而是開始編織人類邁向全球化的序曲。

■第九章　君士坦丁堡的終章：最後皇帝與最終戰役

第十章
文明的轉生：
拜占庭遺產與世界歷史

第十章　文明的轉生：拜占庭遺產與世界歷史

第一節　東正教的文化延續

拜占庭帝國雖在 1453 年君士坦丁堡陷落中告終，但作為其精神核心與宗教根基的東正教，並未隨之消失。相反地，東正教憑藉其高度制度化、深植民間生活的禮儀體系，以及與語言文化緊密結合的信仰實踐，成功在帝國瓦解後延續，並在巴爾幹半島、俄羅斯與中東地區持續發揮深遠影響。

首先，東正教具有極強的地方教區組織與自我修復機制。早在拜占庭時期，教會就建立起從大主教、主教到地區神父的三級體系，並強調信徒社群的自治性。這種制度設計使得教會即使在政權覆滅、中央崩潰的情況下，仍能維繫宗教儀式、節慶循環與教育活動。例如：在塞薩洛尼基、普羅夫迪夫等城市，當地教會迅速轉入地下運作，透過祕密集會與口述禮儀延續信仰傳統。

其次，東正教深刻滲透至拜占庭民眾的日常生活中。從洗禮、婚禮、喪禮到農耕節氣與守齋儀式，東正教的禮俗早已與人們的生活節奏緊密交織。這使得即使帝國瓦解，信徒仍會自發維持聖像崇拜、主日彌撒與宗教節日。根據近代東歐民俗學研究，在保加利亞與塞爾維亞的偏遠村落中，東正教儀式未曾中斷，甚至於鄂圖曼統治下的高壓政策中仍能生存，顯見其社群凝聚力。

第一節　東正教的文化延續

文化方面，聖像畫（Icon）成為東正教文明最具辨識度的傳承媒介。拜占庭聖像學強調圖像不只是裝飾，而是「看得見的神學」（visible theology），透過線條、顏色與姿態展現神聖意涵。這種視覺神學在帝國滅亡後透過修道院、教堂與家庭小祭壇持續創作與臨摹。現今在希臘、羅馬尼亞與俄羅斯各地，仍可見拜占庭風格的聖像畫持續流傳，並影響正教國家的美術教育與宗教藝術風格。

正教音樂亦為文化延續的關鍵。拜占庭聖詠（Byzantine Chant）以單聲部旋律為主，結合希臘語聖經文本與古典節奏結構，具有強烈神祕感與空間感。這些旋律在帝國瓦解後未被鄂圖曼禁絕，反而透過教會教育在修道院與禮拜堂中代代相傳。直到今日，聖山阿索斯（Mount Athos）仍為正教聖詠研究與保存重鎮，許多樂譜自中世紀以降皆持續演奏。

在語言層面，希臘語作為東正教禮儀語言的地位未受動搖。儘管在俄羅斯與東斯拉夫地區出現教會斯拉夫語的替代語系，但原典經文與神學著作仍以希臘文為基礎進行學術交流，形成跨國正教網絡。這不僅維持了拜占庭神學傳統，也成為不同正教國家之間共享知識與教義的重要平臺。

更重要的是，東正教成功在政治與信仰之間建立特殊的共生關係。拜占庭崩解後，俄羅斯大公國迅速崛起，自視為「第三羅馬」，並於 1547 年由伊凡四世加冕為沙皇，承襲拜占庭宗教與皇權的結合模式。東正教主教因此成為俄國政治正

■第十章　文明的轉生：拜占庭遺產與世界歷史

統的守護者，不僅維持教義純正，也提供君權神授的合法性論述。這種結盟關係延續至 19 世紀，甚至影響蘇聯解體後俄國對正教的重視與國家認同建構。

在巴爾幹地區，東正教則成為反抗鄂圖曼同化的重要堡壘。塞爾維亞、羅馬尼亞與保加利亞等地的民族運動，常以教會為文化認同核心，透過修道院學校教授本土語言、歷史與信仰，抵禦伊斯蘭化政策。修道院亦常扮演地下出版與知識保存的角色，使東正教在被征服民族中發揮類似「民族記憶保管庫」的作用。

此外，東正教對時間觀與歷史敘述的特殊詮釋，也影響信徒面對帝國滅亡的態度。與西方強調「進步歷史觀」不同，東正教認為歷史是循環與淨化的過程，帝國的滅亡非失敗，而是神意中的試煉與更新。因此在信仰中，拜占庭被視為一種屬靈象徵，其精神與倫理理想可透過個人修行與教會生活得以延續。

第二節　拜占庭法學對歐洲法制的影響

拜占庭帝國雖在 15 世紀中葉走向終結，但其法學傳統卻成為歐洲近代法治精神的根基之一。拜占庭法學，特別是在查士丁尼大帝時期（西元 527～565 年）所編纂的《民法大全》

第二節　拜占庭法學對歐洲法制的影響

(*Corpus Juris Civilis*)，被後世譽為羅馬法的集大成者。該法典不僅是拜占庭法治精神的頂峰，也成為歐洲中古與近代法制轉型過程中不可或缺的基礎性文本。

查士丁尼法典包括《法理彙編》(*Institutiones*)、《法學答問錄》(*Digest*)、《法律彙編》(*Codex*)與後期增補的《新法彙編》(*Novellae*)。這套體系性編纂不但統整了古羅馬共和與帝制時期的法律傳統，也重新詮釋了私法、公法與行政法之間的區隔與關係。法典在拜占庭長期實施並逐漸標準化，其法律語言、制度概念與程序條文奠定了後來西歐大陸法系(Continental Law System)的理論基礎。

在拜占庭帝國滅亡後，這套法學體系透過多條文化與知識的傳播途徑流入西歐。首先是透過義大利南部、尤其是拿坡里與拉溫納等地的拜占庭行政區域，將查士丁尼法典的文本與解釋帶入拉丁歐洲的學術與法律場域。其次，當拜占庭學者與法學者於15世紀逃離鄂圖曼進犯、前往義大利與法國避難時，他們攜帶大量希臘語與拉丁語法學手稿，並在博洛尼亞、帕多瓦與巴黎等地教授羅馬法，引起學術界對古法復興的熱潮。

博洛尼亞大學法學院的建立，是拜占庭法學影響最具代表性的成果之一。該校自12世紀以來即以研究羅馬法著稱，而所研究的羅馬法實質上是查士丁尼法典的延伸與詮釋。中世紀法學家如伊爾內留斯(Irnerius)與阿庫修斯(Accursius)

第十章　文明的轉生：拜占庭遺產與世界歷史

即大量引用《法學答問錄》與《法理彙編》，並針對條文進行注解與案例比對，形塑出後來「注釋法學」（glossators）與「評論法學」（commentators）的學術傳統。

此外，拜占庭法學也對歐洲各國成文法的編纂產生直接影響。最具代表性的例子為拿破崙於 1804 年頒布的《法典民法》（*Code Civil*），該法典不僅汲取羅馬私法原則，如契約自由、物權清晰與家庭法律責任，也沿用拜占庭法典的編排模式與法條語言，堪稱拜占庭－羅馬法學傳統在近代國家制度中的重生。

在德國，拜占庭法典成為《德意志民法典》（*Bürgerliches Gesetzbuch*, BGB）編纂的重要參照依據。該法典強調系統性與邏輯結構，正展現查士丁尼法學中對於條文分類與法理演繹的重視。而在法國與義大利的法學教育體系中，查士丁尼法學直到今日仍為大學必修課程，象徵其學術價值與制度生命力的延續。

拜占庭法學不僅影響西歐大陸法系，也深深塑造東歐與巴爾幹地區的法律意識。保加利亞、塞爾維亞與羅馬尼亞在中世紀採用拜占庭法律作為王國法典之基礎，如塞爾維亞《史帝芬·杜尚法典》（*Zakonik cara Dušana*）即參照《新法彙編》制定，並在宗教與刑事領域結合正教教義，展現出拜占庭法學與地方文化的融合樣貌。

第二節　拜占庭法學對歐洲法制的影響

　　拜占庭法學亦影響教會法律（Canon Law）的發展。由於東正教與拜占庭政治體制密不可分，故在教會內部建立了一套與世俗法相輔相成的教會法系統。這套制度被東正教各自主教區沿用，並且影響西方教會法，成為羅馬教廷《教會法大全》編纂時的重要參照來源。從婚姻、繼承到聖職資格，拜占庭法學中對於人倫關係與社會秩序的重視，深深影響了宗教與社會的法律觀。

　　值得一提的是，拜占庭法學不僅強調條文的效力，更強調法理的詮釋與實踐的智慧。查士丁尼法學家如特土良（Tertullian）即提出「法律非止於字句，而在於公平」的原則，影響後世對實質正義與形式正義的辯證，也奠定現代憲法解釋學的核心觀念。

　　在今日，查士丁尼法典雖不再是直接適用的法律文本，但其思想精神與體系結構，仍深植於歐洲法律文化中。從私人契約的精神、刑法的比例原則，到國家行政法的程序保障，無一不可見其影子。拜占庭法學成為連接古代羅馬與現代國家的橋梁，證明法律作為文明的載體，其生命可超越政權、穿越時代，長存於制度與思想之中。

第十章　文明的轉生：拜占庭遺產與世界歷史

第三節　圖像藝術與文藝復興的接續

拜占庭文明在帝國衰亡之後，其藝術精神並未消失，反而在歐洲文藝復興運動中找到新的生命形式。尤其在繪畫、建築與視覺文化層面，拜占庭圖像藝術提供了堅實的樣式根基與象徵系統，成為西歐藝術家重新思索神聖、形式與美感的養分來源。

拜占庭圖像藝術最顯著的特色即是聖像畫（icon），這種圖像類型發展自早期基督教墓穴與壁畫傳統，但在拜占庭逐漸制度化，成為宗教、政治與社會表述的重要工具。聖像畫並非寫實肖像，而是一種靈性象徵系統，其構圖、色彩、姿態皆經過神學規範，目的在於將觀者引入「可視的神聖」空間。此一觀念深深影響文藝復興初期對人物表情與光影空間的理解。

文藝復興時期，義大利畫家如喬托・迪・邦多內（Giotto di Bondone）與西蒙尼・馬蒂尼（Simone Martini）等人，其作品中開始出現與拜占庭聖像相仿的構圖方式——正面凝視的聖母、坐姿威嚴的基督、金色背景下強調超然氣氛的空間處理。儘管這些畫家逐步引入人體比例與透視法，但其藝術語彙的原型多可溯源至拜占庭宗教圖像。

隨著拜占庭的陷落，大量希臘藝術家與手稿逃入義大利。這些藝術家不僅技術嫻熟，也帶來一套完整的宗教圖像體系與理論思維。特別是在克里特島（Crete）與威尼斯之間的

第三節　圖像藝術與文藝復興的接續

文化交流中，出現「希臘－拉丁畫派」(Maniera Greca)，其色彩運用、金箔背景與線性描繪方式，在 15 世紀的義大利畫壇形成一種過渡風格。例如：杜喬·迪·波尼賽尼亞 (Duccio di Buoninsegna) 的《端坐寶座的聖母與聖嬰及六位天使》即融合拜占庭靜謐莊嚴的形式與義大利新興的人性化元素。

拜占庭馬賽克藝術亦影響後來的裝飾藝術與建築理念。拜占庭馬賽克強調色彩節奏與聖光折射的效果，常見於教堂穹頂與祭壇後壁，形成一種「神聖之光」的視覺語境。這種藝術語法在義大利拉溫納 (Ravenna) 與羅馬的教堂中被保存並仿效，進而被後來的巴洛克裝飾風格所繼承。以金箔、寶石與玻璃為素材的拼貼工藝，在聖伯多祿大教堂與西斯汀教堂中仍可見其痕跡。

書籍裝飾與插圖方面，拜占庭的手抄本插畫 (illuminated manuscripts) 以其細緻筆觸與神聖場景描繪聞名。這類文獻透過貴族與神職人員流入西歐，引起修道院對古典文體與宗教圖像的重視。尤其是在巴黎與牛津大學的圖書館中，保存了大量拜占庭風格的福音書與詩篇手稿，影響西方學者對「視覺作為文本詮釋手段」的認識。

拜占庭藝術對空間與形式的理解，也影響建築學與城市規劃的轉型。拜占庭教堂如聖索菲亞大教堂，其圓頂結構與中央集中式布局，成為西歐建築師設計集中式禮拜空間的參考範本。特別是在義大利北部與拜占庭曾有貿易往來的地

第十章　文明的轉生：拜占庭遺產與世界歷史

區，如威尼斯聖馬可教堂，即是融合拜占庭穹頂、羅馬柱式與哥德元素的建築綜合體。

除了形式與技術，拜占庭圖像藝術更重要的是其象徵體系與神學深度。文藝復興不僅是藝術風格的革新，也是一種人文關懷與神學語彙的重構。拜占庭藝術中強調的「天上之美」（celestial beauty）與「靜觀之眼」（theoria），促使人文主義者重新思考藝術不僅再現現實，更可表達道德、倫理與宇宙秩序。這種精神在達文西、拉斐爾與米開朗基羅的作品中以不同方式得以延續。

特別值得一提的是，拜占庭藝術家在流亡期間於義大利各地設立工作坊，訓練當地學徒並傳授繪畫技巧。許多拜占庭繪師進入主教院與貴族府邸作畫，將聖像技巧融入世俗肖像畫中，促成「敬虔與人文」共存的圖像新語彙。例如：聖母哀悼圖與基督受難圖在構圖上保留拜占庭的對稱與平衡，而在情感表達上則趨向西方的戲劇性張力。

到 16 世紀後期，儘管文藝復興風格已向自然主義與光影變化發展，但拜占庭藝術仍在東歐、希臘與俄羅斯持續發展，形成不同於西歐主流的「後拜占庭風格」。這些風格融合本土材料與民族題材，成為今日正教世界視覺文化的主幹之一。

第四節　拜占庭歷史學與史觀傳播

在拜占庭帝國滅亡之後，其歷史學傳統與對史觀的詮釋方式，未隨著政治崩解而消失，反而在歐洲與中東學術圈中發揮持久而深遠的影響。拜占庭歷史書寫不僅繼承古希臘與羅馬的編年傳統，更融合基督教神學觀與帝國合法性的論述方式，建立起獨特的歷史敘事模型，其精神內核至今仍在歐亞歷史文化記憶中迴響不息。

拜占庭歷史學的基本特徵，是其強烈的目的論與宗教中心主義。從優西比烏（Eusebius of Caesarea）到普羅科匹厄斯（Procopius）、從安娜・科穆寧娜（Anna Komnene）到尼基弗魯斯・格雷戈拉斯（Nikephoros Gregoras），拜占庭史家多將歷史視為神意的展現，人類的興衰、政權的更替皆被解釋為對上帝忠誠或背叛的結果。這種敘事框架為後世東正教地區的歷史觀提供典範，也影響西歐史學向「道德歷史」傾斜。

拜占庭的歷史敘述形式多元而精緻。除了傳統編年體（annales）與君王紀事（chronographia），還包括戰記、政論與宗教傳記。這種敘事多重性不僅為後世學者提供豐富史料，也展現出歷史作為文化記憶載體的功能。例如：約翰・斯基里澤斯《編年史》以圖文並列方式保存歷史事件，不僅是史學文本，也是視覺文化遺產。

■第十章　文明的轉生：拜占庭遺產與世界歷史

　　拜占庭史家對歷史因果關係的處理方式亦深具啟發性。他們多強調「神人互動」的辯證模式，將政治災難視為集體道德墮落的反映，而戰爭勝利則象徵信仰堅定與正統教義的勝出。這種解釋方式深刻地影響斯拉夫正教國家的歷史教育，使歷史學不僅是事件記錄，更是倫理與神學教育的一部分。

　　拜占庭歷史學也重視典籍保存與文本注釋。帝國晚期如狄奧法內斯（Theophanes the Confessor）與約翰・佐納拉斯（John Zonaras）等學者，致力於將先前史家之作彙整、節錄與注解，建立起史書彙編的學術傳統。這種重視文本傳承的精神，後來經由東方教會修道院傳入俄羅斯與巴爾幹，進一步催生當地的歷史書寫文化。

　　拜占庭史學對西歐最直接的影響，來自拜占庭學者的遷徙與著作傳播。15世紀後期，拜占庭學者攜帶歷史手稿至義大利各大學，促成拉丁世界對希臘文史料的關注。喬治（George of Trebizond）與約翰尼斯（John Argyropoulos）等人曾在佛羅倫斯與羅馬教授歷史與哲學，將拜占庭史觀介紹給人文主義者。這些史觀不僅提供古典參照，更提出帝國盛衰與道德崩潰的警示。

　　文藝復興時期的義大利學者如馬基維利與波利齊亞諾，雖不完全接受拜占庭式宗教史觀，卻在史學技術與資料整理方法上深受影響。他們學習拜占庭人對歷史文本的編年對照、引文注記與人物世系編排方式，使得歐洲史學自文藝復

興以降逐步轉向系統化、批判化與理性化發展。

拜占庭歷史學也形塑歐洲對「帝國」這一概念的認知。拜占庭史家強調皇帝作為神授代言人，其正統性來自於上帝而非僅為血統或武力。這種史觀深刻影響神聖羅馬帝國對其歷史合法性的建構，並且在俄羅斯沙皇制中以「第三羅馬」的名義延續。

在伊斯蘭世界，拜占庭史書亦被翻譯與借鑑。鄂圖曼史家如阿希克・切萊比（Âşık Çelebi）與卡蒂普・切萊比（Kâtib Çelebi）曾研究拜占庭史料，以理解前政權的行政架構與歷史發展。這種跨文化的史學借鏡，展現出拜占庭史學超越宗教與政體的知識價值。

現代學術界對拜占庭史學的重估，也證明其在史學方法論上的貢獻。近代歷史學家如史蒂芬・朗西曼（Steven Runciman）等人，指出拜占庭史學不只是政權敘述，更包含民間生活、經濟活動與宗教觀念的多層次記錄。這種全景式歷史視野，成為當代全球史研究的重要先驅。

第五節　拜占庭在俄羅斯與巴爾幹的影響

拜占庭帝國作為東羅馬文明的延續體，其宗教、制度與文化對鄰近的俄羅斯與巴爾幹地區產生深遠影響。即使在帝國滅亡後，這些地區仍保有強烈的拜占庭印記，特別是在宗

第十章　文明的轉生：拜占庭遺產與世界歷史

教組織、宮廷禮儀、建築藝術與國族認同上形成一套延續體系，成為所謂「後拜占庭世界」的主體範圍。

首先在宗教方面，拜占庭對俄羅斯最直接的貢獻即是東正教的引入。西元 988 年，基輔大公弗拉基米爾一世 (Vladimir I) 受洗並正式皈依拜占庭正教，從而帶動基輔羅斯王國全面基督化。這一改宗事件並非單純信仰轉變，更象徵著俄羅斯與拜占庭文明的結盟。隨後數世紀中，俄羅斯東正教教會全面導入拜占庭禮儀、曆法、聖像藝術與教會行政制度，至今仍是俄羅斯文化根本。

俄羅斯在宗教建築方面亦大量仿效拜占庭模式，如基輔聖索菲亞大教堂與莫斯科救世主主教座堂皆受君士坦丁堡聖索菲亞之啟發。圓頂與十字穹頂的結構、壁畫與馬賽克的應用，乃至祭壇空間設計等皆傳承拜占庭規格。此外，聖像畫創作也遵循拜占庭形式發展出俄羅斯聖像畫傳統，如安德烈·盧布耶夫 (Andrei Rublev) 即被視為拜占庭風格的正統繼承者。

政治與意識形態方面，拜占庭皇帝制度與神權王權合一的思想，深刻影響俄羅斯的國家建構。15 世紀拜占庭亡國後，莫斯科公國自詡為「第三羅馬」，聲稱其沙皇為拜占庭皇權的合法繼承者。這種政治敘事不僅為俄羅斯提供了帝國正統性，更以宗教作為國家合法性的象徵資產，從伊凡三世 (Ivan III) 開始，莫斯科沙皇採納拜占庭宮廷禮儀與政教合一原則，並將雙頭鷹作為國徽，象徵東西合一的帝國繼承權。

第五節　拜占庭在俄羅斯與巴爾幹的影響

在巴爾幹半島，拜占庭影響更是全面。塞爾維亞、保加利亞與羅馬尼亞等國曾為拜占庭的附庸或軍事盟友，在文化、宗教與法制方面高度拜占庭化。13 世紀的塞爾維亞《史帝芬・杜尚法典》即融合拜占庭法典與當地習俗，成為巴爾幹地區法治與王權建構的範式。

修道院體制則是拜占庭對巴爾幹影響的另一核心。塞爾維亞的斯圖代尼察修道院與馬其頓的奧赫里德大修道院皆以拜占庭修道規則為準，成為當地宗教教育、文獻保存與民族認同重心。修道士不僅從事神學著述，更以抄經、繪畫與史書編纂保存拜占庭知識。這些修道院至今仍為東正教文化的燈塔，維繫語言、信仰與歷史記憶。

語言方面，拜占庭通用的希臘語與教會斯拉夫語成為巴爾幹宗教與文學語言雙軌制的根基。聖西里爾與聖美多德創製西里爾字母並翻譯聖經，奠定斯拉夫語文書寫體系，此舉原初即受到拜占庭教會指派，展現其文化輸出策略。後來巴爾幹諸國雖發展本地語言，但教會典籍、禮儀文本與法典多以此系統撰寫。

此外，拜占庭建築與藝術風格也在巴爾幹蔚為主流。馬其頓王朝藝術風格、晚期拜占庭鑲嵌壁畫與聖像畫，影響保加利亞普雷斯拉夫文化與塞爾維亞修道院壁畫風格，成為巴爾幹宗教視覺語言的經典模式。這些藝術形式不僅在宗教領域發揮作用，更在民族興起與國家建構時期被重新召喚，用

第十章 文明的轉生：拜占庭遺產與世界歷史

以形塑歷史延續性的象徵標誌。

即使在鄂圖曼統治下，拜占庭影響仍未中斷。許多教會地下延續拜占庭禮儀與教義，修道院持續傳授拜占庭文獻與哲學，並將其視為抗衡伊斯蘭化與土耳其化的重要精神資源。特別在 19 世紀民族獨立運動期間，拜占庭被重新詮釋為「基督教羅馬」的記憶核心，激勵巴爾幹民族爭取自治與文化復興。

第六節　君士坦丁堡在穆斯林世界的象徵

君士坦丁堡於 1453 年淪陷後，對穆斯林世界產生了雙重意義：一方面作為軍事勝利的巔峰，象徵伊斯蘭力量對基督教帝國核心的征服與取代；另一方面則作為文明承繼的象徵，使這座城市成為穆斯林世界與歐亞交界地帶政治、宗教與文化重心的新核心。

首先，穆罕默德二世對君士坦丁堡的攻陷，被伊斯蘭史家視為履行古老聖訓（Hadith）的神聖行動。該聖訓預言：「你們一定會征服君士坦丁堡，那統帥真偉大，那軍隊真偉大。」穆罕默德二世刻意塑造自己為此聖訓的完成者，以強化他在穆斯林世界的正當性，特別是在與馬木路克與帖木兒帝國的競爭中建立宗教與軍事威望。從此，君士坦丁堡成為伊斯蘭世界征服史上最具代表性的勝利象徵之一。

第六節　君士坦丁堡在穆斯林世界的象徵

其次，鄂圖曼帝國在占領君士坦丁堡後，並未將其破壞或排除，而是將之轉化為新帝國首都——伊斯坦堡 (Istanbul)。此舉表現出穆斯林對於這座城市的高度重視與再建野心。穆罕默德二世在入城當日進入聖索菲亞大教堂，將其轉為清真寺，象徵伊斯蘭信仰接管基督教舊世界的宗教核心，並以此建立鄂圖曼政教合一的新秩序。

聖索菲亞的轉化也象徵著伊斯蘭建築對拜占庭建築精神的吸納與再造。鄂圖曼建築師如希南 (Mimar Sinan) 後來所設計的蘇萊曼清真寺與藍色清真寺，皆汲取聖索菲亞圓頂結構與內部空間處理，形成獨特的伊斯蘭建築風格，被視為拜占庭－伊斯蘭融合的代表作。伊斯坦堡因此不僅是政治中心，更是建築與空間神學轉型的地標。

此外，君士坦丁堡作為帝國首都的傳統地位，被鄂圖曼以不同語言加以轉譯與擴大。穆罕默德二世自稱「凱撒・羅姆」(Qayser-i Rûm)，即「羅馬的凱撒」，象徵其不僅征服城市，更繼承羅馬帝國之遺產。這種政治修辭成功地整合了突厥、波斯與拜占庭三種文明傳統，使伊斯坦堡成為多文明交會的權力核心。

穆斯林學者與史家對君士坦丁堡的描述也轉向崇敬與敬畏。15～17 世紀的鄂圖曼文獻中常將該城稱為「征服之城」(Fatih şehri)、「信仰的堡壘」與「世界的花冠」，將城市的地理、歷史與宗教地位神聖化，作為朝聖與學術探索的對象。

第十章　文明的轉生：拜占庭遺產與世界歷史

許多清真寺、經學院與圖書館紛紛建立於此，吸引阿拉伯、波斯、安納托力亞與巴爾幹地區的知識分子進駐，使伊斯坦堡成為伊斯蘭世界文化核心之一。

伊斯坦堡亦成為穆斯林世界政治模式的範本。其政教合一制度、內廷文官體系與軍事編制，被模仿於埃及、北非與波斯等地。特別是在穆斯林帝國逐漸中央集權化過程中，君士坦丁堡提供了皇城治理與官僚訓練的成功經驗，被納入帝國治理的制度模板。

在後期穆斯林世界中，君士坦丁堡的象徵地位並未因政治變遷而削弱。即使鄂圖曼帝國於 20 世紀初瓦解，伊斯坦堡仍作為文化記憶被保留與讚頌。當代土耳其伊斯蘭運動與伊斯蘭世界對於帝國榮光的回顧中，君士坦丁堡仍被視為「黃金時代」的象徵，象徵伊斯蘭文明曾掌握歐亞交會的中心舞臺。

第七節　拜占庭希臘語知識的西傳

拜占庭帝國的滅亡，不代表其學術與語言傳統的終止。相反地，1453 年君士坦丁堡的陷落反而促成了拜占庭希臘語知識的大規模西傳，深刻地影響了文藝復興以降的歐洲學術體系。這場知識遷徙不僅重燃了古典學術的研究熱潮，更為

第七節　拜占庭希臘語知識的西傳

歐洲學者提供了重新建構理性、哲學與科學基礎的資源。

拜占庭長期作為古希臘哲學與科學典籍的守護者，自 4 世紀以降，大量古典著作已在西羅馬帝國衰敗後，保存在東羅馬的修道院與圖書館中。包括亞里斯多德、柏拉圖、希波克拉底與托勒密等人的作品，透過拜占庭學者的整理、詮釋與注釋，形成一套完整的哲學與自然知識體系。這些文本經過長期希臘語使用與學術訓練，被高度系統化並融入基督教神學框架，展現出拜占庭學術在中世紀的深厚實力。

1453 年後，大批逃離君士坦丁堡的希臘學者湧入義大利城市，如佛羅倫斯、威尼斯與羅馬等地。他們攜帶大量手稿、注釋與教案，不僅使希臘語再次成為歐洲學術語言，更直接促成人文主義者對古希臘知識的熱衷。喬治（George of Trebizond）、約翰·阿吉羅波羅斯（John Argyropoulos）與貝薩里翁（Bessarion）等人，在義大利大學與貴族家庭中教授希臘語文法與經典文獻，使歐洲菁英階層得以直接接觸古希臘哲學原文。

其中，貝薩里翁的貢獻尤為關鍵。他不僅將大量希臘經典翻譯為拉丁文，更捐贈其收藏給威尼斯，建立了日後的馬爾恰納圖書館（Biblioteca Marciana，聖馬可圖書館），成為保存與傳播拜占庭希臘語知識的重鎮。這些翻譯作品深刻影響義大利學者，如馬爾西利奧·費奇諾（Marsilio Ficino）與皮科·德拉·米蘭多拉（Pico della Mirandola），促成新柏拉圖主義在

第十章　文明的轉生：拜占庭遺產與世界歷史

文藝復興時期的復興，並結合基督教教義建構出新的形上哲學體系。

拜占庭希臘語知識的西傳也深刻影響自然科學與醫學發展。托勒密的天文學、希波克拉底的醫學理論、蓋倫的解剖學皆透過希臘原文與拜占庭注解進入歐洲，並對哥白尼、維薩留斯等人的學術基礎產生啟發作用。特別在天文與解剖學研究中，拜占庭對文本精確性的要求與校勘技術，為近代科學方法奠定初步技術基礎。

語言層面上，希臘語作為知識傳播的媒介，也逐漸在文藝復興後成為學者必備的修養之一。義大利與德國大學開始開設希臘語課程，不再單一依賴拉丁語傳統。這使得歐洲知識界從注解拉丁文文本的「第二手思考」，轉向直接閱讀原文的「第一手思辨」，改變了整個學術文化的邏輯與態度。

值得注意的是，拜占庭對知識的態度強調保存、詮釋與整合。這種非創新而重組的知識觀，在西方學術圈中起初被認為缺乏原創性，然而在當代研究中則被重新評價為一種「守護文明遺產」的學術態度。正是這種態度，使得拜占庭能在多次戰亂與危機中，維繫住古希臘知識的連續性，最終為西歐帶來第二次知識覺醒的條件。

第八節　文明記憶中的拜占庭與西歐

拜占庭帝國雖亡，其文化記憶卻深植於西歐文明的多重結構之中。從歷史敘事、藝術典範到宗教辯證與政治隱喻，拜占庭成為歐洲文明內部的「他者記憶」，既是反思過去的鏡像，也是不斷召喚的參照點。這一段文明記憶的構築過程，既反映西歐對自身文化根源的尋索，也展現歷史如何被選擇性地繼承與再製。

首先，拜占庭在西歐史書中往往呈現兩種矛盾形象：一方面是道德墮落與政治衰敗的象徵，另一方面又是神聖輝煌與文化精緻的代表。在如愛德華‧吉朋（Edward Gibbon）《羅馬帝國衰亡史》中，拜占庭被描繪為一個禮儀繁瑣、政治腐敗的帝國，象徵古典羅馬精神的衰落；但同時，吉本又不吝稱頌其在宗教建築、法學制度與文獻保存上的貢獻。這種矛盾評價反映出啟蒙時代對拜占庭既厭棄又依賴的文化態度。

其次，拜占庭對西歐宗教發展的記憶尤為關鍵。在羅馬天主教會的史觀中，拜占庭的「東方分裂」常被視為異端或誤入歧途。然而，面對宗教改革時期的質疑與動盪，部分天主教思想家反而重新檢視拜占庭的教父傳統與教會儀式，希望尋回更純粹的神學形式。因此，在宗教辯證的語境下，拜占庭成為一種可供借鏡的「失落正統」。

第十章　文明的轉生：拜占庭遺產與世界歷史

在藝術史中,拜占庭則被重新發現為形式與靈性兼備的典範。19 世紀後期的象徵主義與新拜占庭風格(Neo-Byzantinism)在建築與繪畫中流行,特別是在英法德等地的宗教建築中,圓頂、金箔與聖像重新獲得美學與神學的意義。這股風潮也延伸至裝飾藝術與博物館展示,如大英博物館與羅浮宮中的拜占庭文物展,不僅再現過往,也構築出文明消逝後的視覺記憶。

在政治思潮方面,拜占庭作為政教合一與皇權神授的制度代表,成為西歐自由主義與共和主義的對照。尤其在法國大革命與德國統一過程中,拜占庭式的權力集中被視為專制象徵,促使思想家反思如何建立一套不依附宗教授權的現代政體。然而,這種批判性記憶也伴隨著一種潛在敬意,因為拜占庭展現出帝國秩序與制度連續性的高度範本。

在教育與學術體系中,拜占庭也長期存在於語文、哲學與神學教材中。尤其在 19 世紀至 20 世紀初,西歐人文教育重視古典延續性,拜占庭作為希臘語知識與基督教文明的接續者,其學者與文獻重新獲得評價。例如,安娜・科穆寧娜與普羅科匹厄斯的作品進入大學課程,成為理解羅馬─基督教文明過渡的重要史料。

更進一步,拜占庭也進入歐洲文化記憶的文學與藝術象徵系統中。從但丁《神曲》中的地獄宗教辯論,到托爾金小說

中神祕東方帝國的影像，拜占庭以其儀式性、神祕性與制度密度為模本，形塑出歐洲對「東方文明」的一種文化想像，亦即文明的異境與鏡像對照。

第九節　多元文化融合與帝國精神

　　拜占庭帝國作為橫跨歐亞的多民族國度，其統治核心並非單一文化輸出，而是建立在多元文化互動、融合與制度化的基礎上。這種融合不是表層的雜揉，而是制度性地將多種語言、宗教與族群納入帝國運作體系，使其能夠在超過千年的時間裡維持統治穩定。拜占庭因此成為「帝國精神」的經典範本——一種超越民族國家的治理典範，也是一種文明整合的實驗。

　　拜占庭在語言政策上展現出極大的彈性與包容性。雖然希臘語在帝國後期成為行政與文化的主導語言，但拉丁語仍在軍政與法律系統中保有重要地位，而亞美尼亞語、敘利亞語與哥德語等亦在地方行政、宗教實踐與日常溝通中發揮作用。這種多語制度不僅減少語言同化帶來的壓力，也讓地方菁英得以參與中央治理，鞏固帝國向心力。

　　在宗教層面，雖然東正教是帝國官方宗教，但拜占庭並非絕對排除異端與異教。在不同時期，諸如猶太教徒、景教

第十章　文明的轉生：拜占庭遺產與世界歷史

徒、亞流教派信徒乃至伊斯蘭教徒皆可在帝國境內找到存身空間。對這些群體的管理以「宗教自治」為原則，透過社區長老與宗教領袖管理其內部事務，避免激化宗教對抗。這種模式日後影響伊斯蘭世界的米利特制度（Millet），亦成為多宗教共存制度的原型。

文化上，拜占庭融合古典希臘、羅馬法律傳統與基督教神學精神，創造出一套全新帝國文化語法。在哲學、建築、教育與文藝領域，既有古希臘形式的延續，也有基督教倫理的融入，更有東方裝飾與波斯儀式的影響。例如：宮廷儀式中的金銀織物與拱拜禮節，即來自波斯王朝傳統；而修道院生活與靜觀神學則深受敘利亞與埃及沙漠修士影響。

拜占庭的行政制度也展現多元整合的高度實踐。帝國設有「主教－總督制」，讓教會與地方政權共同治理一地，確保文化與政治雙重治理機制的落實。更重要的是，拜占庭允許地方文化透過正統教會制度轉化為帝國內部的「合法性延伸」，並藉由教會學校、修道院與通婚制度鞏固文化連結。這種制度上的文化包容性，使帝國在面對蠻族與外來入侵時，能快速吸收異族並轉化為帝國防線的一部分。

帝國精神的核心在於「整合而非同化」，即透過制度設計與文化對話，使不同文明彼此共存、互補與升華。拜占庭宮廷本身即是一個多元化象徵：宮女與軍官可能來自高加索、斯拉夫或安納托力亞，語言與宗教多元共存於同一行政空

間，展現出高度彈性與實用性。這種帝國治理精神影響後來神聖羅馬帝國、鄂圖曼帝國與奧匈帝國，成為歐亞政治文化的長期範本。

在今日的全球化語境中，拜占庭的多元文化治理經驗再度受到關注。特別是在面對多族裔、跨宗教與全球遷徙挑戰時，拜占庭式的帝國精神提供一種歷史借鏡：如何在權力集中與文化多樣之間取得平衡，如何避免單一文化霸權造成內部斷裂，以及如何透過文化儀式、語言政策與制度設計鞏固文明連續性。

第十節　拜占庭的歷史啟發與當代想像

拜占庭帝國的歷史並未隨 1453 年的陷落而終結，其文化記憶與制度遺產在後世持續延伸，並在當代世界中激發出多重啟發與重新想像。無論是在歷史反思、政治制度、宗教對話還是文化認同層面，拜占庭作為千年帝國的經驗與象徵，持續被世界各地不同脈絡中的思想者、藝術家與政策制定者所召喚。

首先，在制度與治理方面，拜占庭展現出如何在宗教高度滲透社會的情況下，仍能維持官僚系統與法律秩序的分際。這對於當代信仰與政治互動頻繁的社會具有重要參考價值。尤其是政教關係的制度化處理、教會在公共生活中的角

第十章　文明的轉生：拜占庭遺產與世界歷史

色界定,以及教會教育在社會穩定上的功能,都成為當今多宗教社會所關注的議題。

在宗教對話方面,拜占庭作為基督宗教歷史上的一個重要分支,其與羅馬天主教、西方教會以及伊斯蘭教的互動歷史,提供了豐富的跨宗教參考資料。從東西教會大分裂到尼西亞會議的教義協商,拜占庭的歷史揭示了宗教共存的可能性與困難。現代學者如漢斯·昆(Hans Küng)在其《全球倫理與宗教對話》中亦引用拜占庭案例,說明歷史並非僅有衝突,也存在持續的教義對話與文化理解的空間。

文化認同層面,拜占庭對於「歐洲是什麼」的問題提供另類想像。若西歐代表現代性與理性主義,那拜占庭則代表一種神祕、儀式性與精神導向的歐洲面貌。在現代西歐一體化與歐盟擴張的背景下,拜占庭文明的重新研究有助於理解歐洲文化的東方根源與多樣性,打破以拉丁－日耳曼為主體的單一歷史敘事。

此外,在藝術與建築領域,拜占庭風格重新被詮釋為一種超越時間與空間的象徵語彙。21世紀初,俄羅斯、巴爾幹與希臘的正教教堂新建案常刻意使用拜占庭元素,如圓頂、金色鑲嵌與長廊設計,以喚起文化連結與信仰延續。西歐地區則在博物館與視覺藝術中重新展示拜占庭手稿、聖像與器物,作為世界文明遺產的重要構成。

第十節　拜占庭的歷史啟發與當代想像

　　拜占庭的歷史亦啟發政治學與國際關係學者重新思考「帝國」的概念。在當代全球化、國家主權模糊與跨國治理興起的情境下，拜占庭提供一種非現代民族國家的統治樣態，提醒人們政體未必只能透過國族框架理解。尤其拜占庭以語言、宗教與儀式制度而非血緣為核心的政治正當性，挑戰了現代政治對國界、種族與文化的認定方式。

　　在文學與影視中，拜占庭亦逐漸從歷史陰影走向文化想像的中心，試圖重現這段帝國歷史的壯麗與複雜。這類作品不僅喚起大眾對過往文明的好奇，也為當代人在混亂與重構中尋找秩序、信仰與身分提供了象徵資源。

國家圖書館出版品預行編目資料

王座的塵封沉墜──君士坦丁堡的落日悲歌：皇室陰影、軍閥亂政與教會對抗，見證拜占庭帝國的輝煌與殞落 / 謝奕軒 著. -- 第一版. -- 臺北市：山頂視角文化事業有限公司, 2025.08
面；　公分
POD 版
ISBN 978-626-7709-35-1(平裝)
1.CST: 拜占廷帝國 2.CST: 歷史
740.229　　　　　　114010639

王座的塵封沉墜──君士坦丁堡的落日悲歌：皇室陰影、軍閥亂政與教會對抗，見證拜占庭帝國的輝煌與殞落

作　　者：謝奕軒
發 行 人：黃振庭
出 版 者：山頂視角文化事業有限公司
發 行 者：山頂視角文化事業有限公司
E - m a i l：sonbookservice@gmail.com
粉 絲 頁：https://www.facebook.com/sonbookss/
網　　址：https://sonbook.net/
地　　址：台北市中正區重慶南路一段 61 號 8 樓
8F., No.61, Sec. 1, Chongqing S. Rd., Zhongzheng Dist., Taipei City 100, Taiwan
電　　話：(02) 2370-3310　　傳　　真：(02) 2388-1990
印　　刷：京峯數位服務有限公司
律師顧問：廣華律師事務所 張珮琦律師

-版權聲明-
本書作者使用 AI 協作，若有其他相關權利及授權需求請與本公司聯繫。
未經書面許可，不得複製、發行。

定　　價：375 元
發行日期：2025 年 08 月第一版
◎本書以 POD 印製

電子書購買

爽讀 APP

臉書